HOCHZEITS ZEITUNGEN

Yvonne Thalheim

HOCHZEITS ZEITUNGEN

Mit Pfiff

Tolle Ideen
und
originelle Kopiervorlagen

FALKEN

INHALT

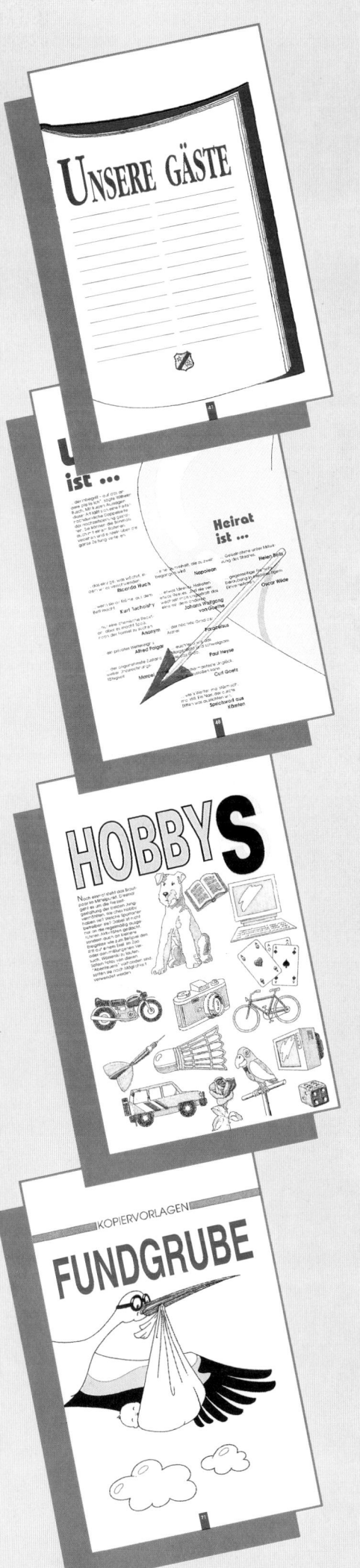

Kopiervorlagen

HOCHZEIT

SZEITUNG

Einleitung

Ein besonderes Geschenk für das Brautpaar soll es sein. Eines, das sich die beiden auch Jahre nach der Hochzeit noch gern ansehen. Am besten etwas ganz Persönliches, das man in keinem Geschäft der Welt zu kaufen bekommt.

So etwas gibt es nicht? Doch! Verschenken Sie eine Hochzeitszeitung. Mit diesem außergewöhnlichen Präsent überraschen Sie nicht nur die Jungvermählten, sondern leisten auch einen Beitrag zur Festgestaltung. Hochzeitszeitungen werden meist in höherer Stückzahl aufgelegt, so daß zumindest jeder Gast ein eigenes Exemplar erhält. Dadurch fällt der Festtagsschrift unter anderem die Aufgabe zu, Familienmitglieder einander vorzustellen, das Tagesprogramm zu erläutern, mit kleinen Spielen und Rätseln selbst ein wenig für Auflockerung zu sorgen und die Texte der Lieder bereitzuhalten, die gemeinsam gesungen werden. Den Mittelpunkt der Zeitung bilden allerdings die Brautleute: Ihr Lebensweg wird stichwortartig nachgezeichnet, ihre Vorlieben und Hobbys werden scherzhaft aufs Korn genommen.

Natürlich gibt es keine allgemeingültigen Vorgaben für Hochzeitszeitungen – weder für ihre äußere Form noch für ihren Inhalt. Gerade das macht es jedoch so reizvoll, eine in ihrer Art einmalige Festtagsschrift für zwei Menschen, die einem nahestehen, anzufertigen.

Dieses Buch will Ihnen helfen, die praktischen Fragen zu klären, die beim Herstellen einer Hochzeitszeitung auftreten. Darüber hinaus möchte es Ihnen Anregungen und Tips zur Gestaltung der Hauptkapitel geben. Und schließlich

soll es die Suche nach passenden Illustrationen erleichtern. Jede Zeichnung dieses Buches können Sie herauskopieren, und auch die Überschriften sind so angelegt, daß Sie sie direkt übernehmen können.

Durch die Einteilung in drei Schwerpunkte kann sich jeder die für ihn wichtigen Kapitel rasch heraussuchen und sich sofort – wenn er es möchte – eine komplette Hochzeitszeitung zusammenstellen.

WIE WIRD EINE HOCHZEITSZEITUNG GEMACHT???

REDA

Bin gleich zurück! J.

Der Entschluß ist gefaßt: Das Brautpaar erhält zur Hochzeit eine eigene Zeitung. Die Frage ist nur, wie setzt man den Plan in die Praxis um?

Zunächst wird eine sogenannte „Redaktion" gebildet. Das heißt, es müssen mehrere dem Brautpaar nahestehende Personen gefunden werden, die bereit sind, einen Beitrag zur Hochzeitszeitung zu leisten. Die Liste in Frage kommender Mitglieder ist viel größer, als man zuerst annimmt. Neben Verwandten und Freunden können auch Arbeitskollegen, ehemalige Lehrer und eventuell sogar Nachbarn angesprochen werden. Auch den Geistlichen sowie die Trauzeugen sollte man in den Plan einweihen. Schlüsselpersonen für alle Fragen, die das Brautpaar betreffen, sind natürlich die Eltern und die Geschwister der beiden Heiratswilligen. Sobald die Zahl der Mitglieder feststeht, wird ein Verantwortlicher benötigt, der die Fäden in die Hand nimmt. Das muß keineswegs jemand sein, der aus der „schreibenden Zunft" kommt. Er oder sie sollte vielmehr gewillt sein, das Projekt zu leiten, also als Ansprechpartner für sämtliche Beteiligten aufzutreten und weiterzuhelfen, wenn es irgendwo hakt, oder sanft zu mahnen, wenn Abgabetermine zu platzen drohen.

Anschließend wird möglichst gemeinsam beraten, wer welche Beiträge übernimmt. Dabei geht es nicht nur darum, wer schreiben kann. Gesucht werden ebenso Mitglieder, die gut zeichnen können, die Rätsel erfinden, die Gedichte und Sprüche heraussuchen, die Fotos besorgen und die Lebensläufe der Brautleute recherchieren.

Darüber hinaus ist es gut, jemanden zu haben, der sich mit Text- und Layoutprogrammen von Personalcomputern auskennt, sowie jemanden, der sich um die Gestaltung der Seiten kümmert. Hilfreich ist auch ein Angehöriger, der Korrektur liest, und ein Mitwirkender, der eine kostengünstige Druckerei oder Kopieranstalt heraussucht.

Natürlich braucht man nicht jeden der genannten Punkte mit einem Redaktionsmitglied zu besetzen. Schließlich soll die Hochzeitszeitung nicht mit professionellen Publikationen konkurrieren. Ihr Reiz liegt vielmehr im persönlichen Bezug und im eigenen Stil, der sie von jeder anderen Zeitung unterscheidet. Sie läßt sich auch ohne Computer anfertigen und zur Not sogar ohne Schreibmaschine. Wichtig ist jedoch, daß sich die Redaktionsmitglieder über Größe und Umfang der Hochzeitszeitung Gedanken machen und die

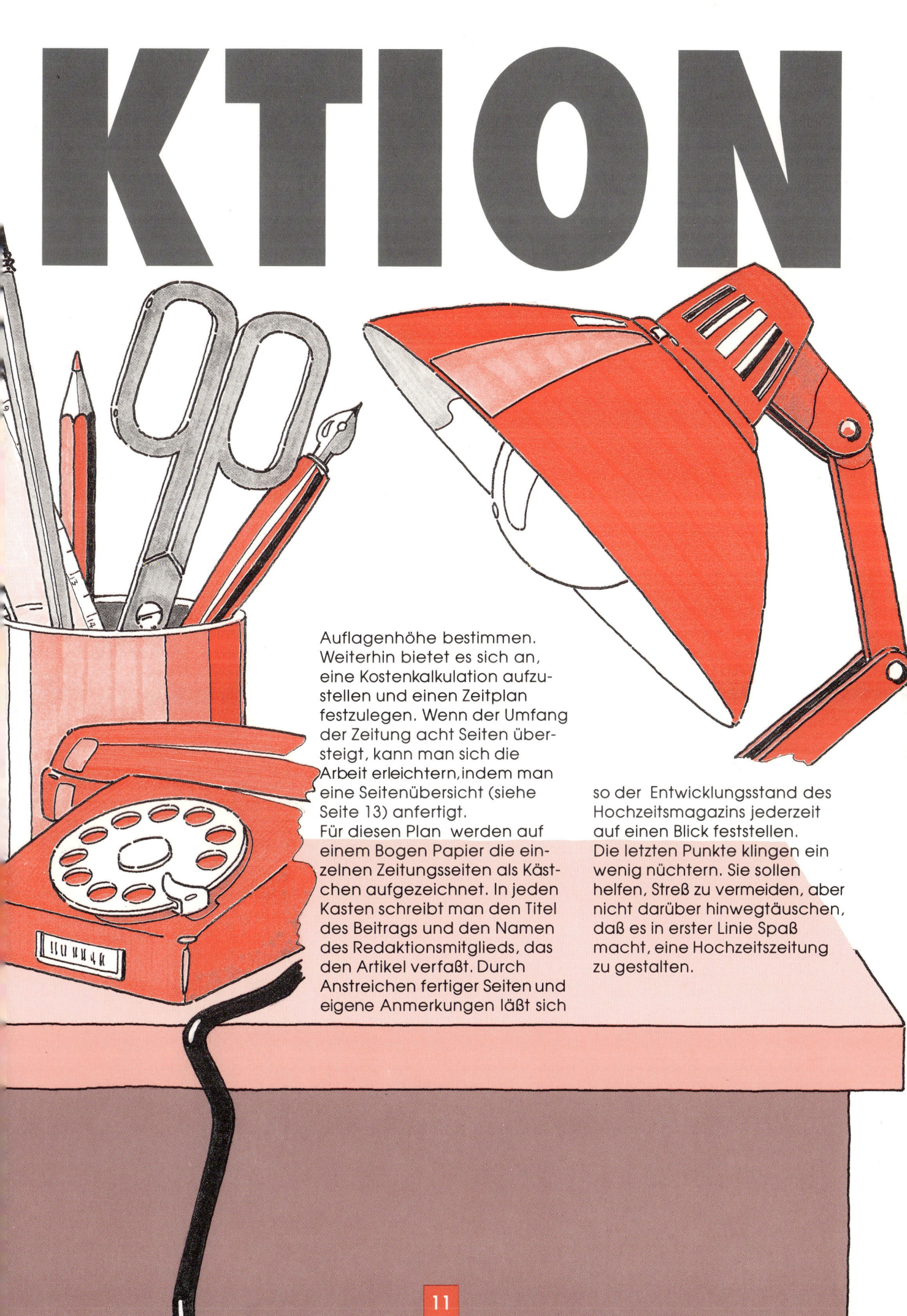

KTION

Auflagenhöhe bestimmen.
Weiterhin bietet es sich an,
eine Kostenkalkulation aufzu-
stellen und einen Zeitplan
festzulegen. Wenn der Umfang
der Zeitung acht Seiten übersteigt, kann man sich die
Arbeit erleichtern,indem man
eine Seitenübersicht (siehe
Seite 13) anfertigt.
Für diesen Plan werden auf
einem Bogen Papier die einzelnen Zeitungsseiten als Kästchen aufgezeichnet. In jeden
Kasten schreibt man den Titel
des Beitrags und den Namen
des Redaktionsmitglieds, das
den Artikel verfaßt. Durch
Anstreichen fertiger Seiten und
eigene Anmerkungen läßt sich

so der Entwicklungsstand des
Hochzeitsmagazins jederzeit
auf einen Blick feststellen.
Die letzten Punkte klingen ein
wenig nüchtern. Sie sollen
helfen, Streß zu vermeiden, aber
nicht darüber hinwegtäuschen,
daß es in erster Linie Spaß
macht, eine Hochzeitszeitung
zu gestalten.

Größen

Sobald Sie ungefähr abschätzen können, wie viele Beiträge zusammenkommen, sollten Sie das Format der Hochzeitszeitung festlegen. Zur Auswahl stehen die klassischen Zeitungs- und Zeitschriftenformate DIN-A3 und DIN-A4 sowie eine Reihe völlig freier Variationen.

Um den Charakter einer aktuellen Tageszeitung zu erzielen, falten Sie einen DIN-A1-Bogen aus möglichst dünnem Papier auf das Format DIN-A3 – wie auf nebenstehender Zeichnung zu sehen. Papier dieser Größe erhalten Sie im Schreibwarenfachhandel. Vorheriges Falten und Numerieren der Seiten ist notwendig, um die Beiträge gezielt einplanen zu können. Der Titel wird in diesem Fall aus der oberen Hälfte der ersten Seite gebildet. Typisch für Hochzeitsblätter im Tageszeitungsformat ist ihr geringer Umfang. Diese Publikationen bestehen aus maximal zwölf Seiten, das sind drei Bogen Papier.

Sie werden weder geheftet noch gebunden.

Die Blätter von Hochzeitszeitungen im DIN-A3-Format werden nur zusammengelegt und gefaltet

Formen &

Papier hat das Format DIN-A3 und wird in der Mitte auf DIN-A4 gefaltet.

Es muß übrigens nicht unbedingt weißgrundig sein. Zarte Pastelltöne können durchaus den festlichen Charakter der Zeitschrift unterstreichen. Bevor man die Beiträge zusammenstellt, müssen die Seiten zunächst gefaltet und in der richtigen Reihenfolge ineinandergelegt werden. Benutzen Sie für den Umschlag am besten etwas stärkeres Papier oder Karton, das sieht professioneller aus. Das Titelblatt wird sorgfältig gestaltet, während die Rückseite meist freibleibt.

Wenn Sie sich für ein DIN-A4-Format entscheiden, erhält Ihr Hochzeitsblatt den typischen Illustrierten- oder Zeitschriftencharakter. Dieses Format besitzt den Vorteil, daß man relativ einfach Beiträge hinzufügen oder wegnehmen kann. Es ist auch auf keine maximale Seitenzahl festgelegt. Allerdings müssen die einzelnen Blätter auf jeden Fall geklammert, geheftet oder gebunden werden. Das hierzu benötigte

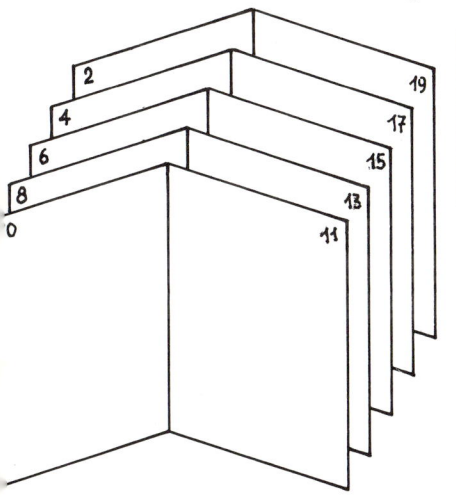

Numerieren Sie die einzelnen Seiten Ihrer Hochzeitsillustrierten, bevor Sie die Papierbogen beschriften und bekleben

Ein Seitenplan hilft, die Übersicht zu behalten. In die Kästchen werden die Beiträge und die „Autoren" eingesetzt

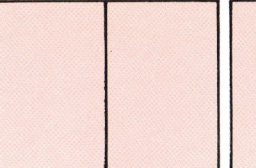

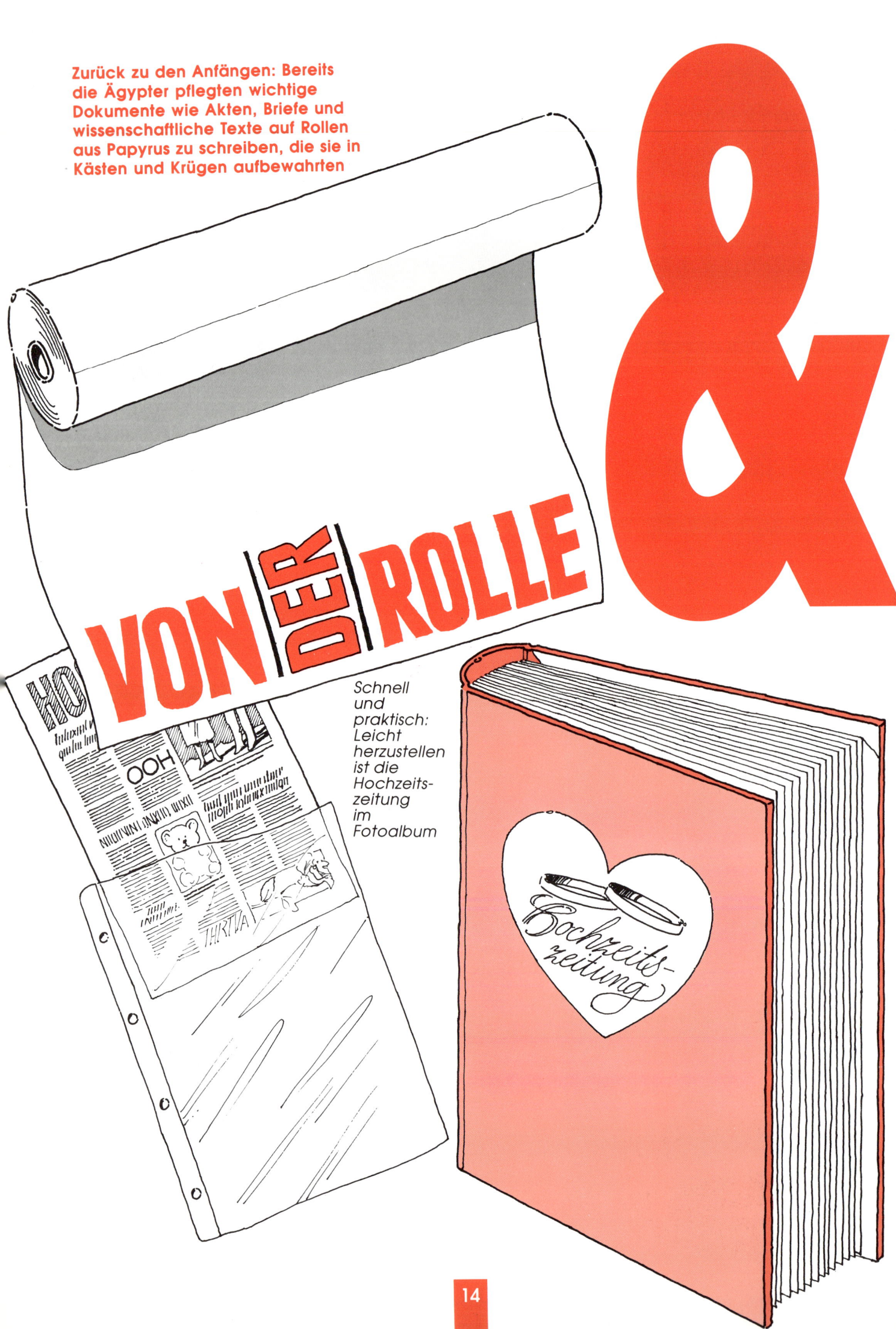

Zurück zu den Anfängen: Bereits die Ägypter pflegten wichtige Dokumente wie Akten, Briefe und wissenschaftliche Texte auf Rollen aus Papyrus zu schreiben, die sie in Kästen und Krügen aufbewahrten

VON DER ROLLE &

Schnell und praktisch: Leicht herzustellen ist die Hochzeits-zeitung im Fotoalbum

VARIATIONEN

Neben der Aufmachung als Zeitung oder Zeitschrift gibt es noch eine Vielzahl weiterer passender Erscheinungsformen für Hochzeitszeitungen. Wenn Sie beispielsweise Zeichnungen, Fotos und Texte in ein Fotoalbum einkleben, haben Sie gleichzeitig die Frage des Papiers, des Einbands und des Umschlags gelöst. Allerdings läßt sich diese „Zeitung" nur in geringer Auflage herstellen. Schön ist auch ein Hochzeitsblatt als Brief mit einem Siegel aus rotem Kerzentalg oder ein Hochzeitskalender aus Fotokartonblättern, die von einer Spiralbindung zusammengehalten werden. Auch eine Festtagsrolle ist originell. Sie kann aus Endlospapier oder aus breiten Memo-Rollen gestaltet werden. Ein ebenfalls gerollter Papierbogen, den man in eine dekorative Flasche steckt, läßt sich als „Flaschenpost" dem Brautpaar überreichen. Diese Vorschläge sind nur ein kleiner Teil möglicher Aufmachungen für Hochzeitszeitungen. Für welche Erscheinungsform Sie sich entscheiden, ist sicher nicht nur eine Frage der Kosten, sondern auch eine Frage der Zeit, die Sie für die Herstellung der Festschrift erübrigen können.

Mit einem Zeitungshalter eingefaßte Hochzeitsmagazine vermitteln ein wenig Wiener Caféhausatmosphäre, und ein Hochzeitsleporello zeigt die harmonikaartig zusammenfaltbare Bildergeschichte der beiden Jungvermählten

3 Beliebt zum Einbinden von Hochzeitsblättern sind die in verschiedenen Ausführungen im Schreibwarenhandel erhältlichen **Schnellhefter**. Ob mit Klarsichthülle oder als Kartoneinband – das Ergebnis sieht stets ordentlich und ansprechend aus.

Direkt im Zusammenhang mit der Entscheidung für die äußere Form der Zeitung steht die Frage nach der passenden Bindung. Die Art, wie die losen Seiten zusammengefügt werden, bestimmt das Aussehen der Festtagsschrift entscheidend mit.
Hier die gebräuchlichsten Methoden, Blätter einzufassen:

1 Wenn der Umfang der Hochzeitsillustrierten zehn Seiten nicht übersteigt, kann man die Blätter mit einem Bürohefter **klammern**. Das ist das schnellste und preiswerteste Verfahren, Seiten zusammenzufassen. Allerdings erinnert das Ergebnis dann ein wenig an amtliche Kurzmitteilungen und Notizsammlungen.

2 Ebenfalls einfach und schnell lassen sich die Blätter lochen und mit einem **Heftstreifen** versehen. Auf diese Art können bis zu 50 Seiten gebündelt werden. Wenn man für das erste und letzte Blatt Fotokarton verwendet, wird der optische Eindruck der Festtagsschrift erheblich verbessert.

4 Etwas ausgefallener ist die **Kordelbindung**: Lochen Sie hierfür die Seiten, und ziehen Sie ein hübsches Zierband durch die Löcher. Die offenen Kordelenden werden auf der Vorderseite der Zeitung mit einer Schleife zusammengehalten. Auch bei dieser Methode ist es angebracht, für die erste und letzte Seite Fotokarton zu verwenden.
Tip: Bei DIN-A3-Formaten bringt man vier bis sechs Löcher am Zeitungsrand an, durch die anschließend das Band gezogen wird.

5 Einen festen Umschlag erhält Ihr Hochzeitsmagazin, wenn Sie es in ein **Ringbuch** einlegen. Die Titelseite kann man mit im Schreibwarenhandel erhältlichen Abreibebuchstaben beschriften und mit Fotos oder farbiger Klebefolie gestalten.

6 Wer nach einer unauffällig-eleganten Bindemöglichkeit sucht, faßt die Seiten mit einer **Klemmschiene** zusammen. Bei diesem Verfahren entfällt das Lochen, denn die Blätter werden durch den Druck, den die Schiene auf sie ausübt, festgehalten.

7 Nach der gleichen Methode funktioniert der **Klemmordner**. Auch bei ihm werden die Seiten von einer Schiene zusammengehalten, und außerdem werden sie von einem Umschlag aus festem Karton geschützt. Ein Klemmordner verleiht der Festtagsschrift das Aussehen eines hochwertigen Buches.

8 Ebenfalls für Hochzeitszeitungen geeignet ist die **Spiralbindung**. Man kann sie von jeder guten Kopieranstalt anbringen lassen. Wer einen Hochzeitskalender gestaltet, sollte sich unbedingt für diese Bindung entscheiden.

16

BINDEN

9 Wenn Sie jemanden kennen, der in einer Druckerei arbeitet, lohnt sich der Versuch, die Hochzeitszeitschrift mit Klammern **heften** zu lassen. Die Voraussetzung hierfür: Die Seiten müssen in der Mitte gefaltet sein, denn die Klammern werden genau in den Falz gesetzt. Die meisten Illustrierten werden nach diesem Verfahren zusammengefügt.

10 Zu den klassischen Buchbindertechniken gehört das **Leimen** des Buchrückens. Auch für Festtagszeitungen eignet sich diese Methode, die mittlerweile von jedem guten Kopierladen angeboten wird. Man muß nur beachten, daß hierfür auf jeden Fall ein fester Umschlag erforderlich ist.

11 Ebenfalls alte Buchbindertradition ist das **Binden**. Mit einem reißfesten weißen Faden und einer Nadel können auch Sie eine einfache Bindung ausführen. Legen Sie zunächst die in der Mitte gefalteten Seiten Ihrer Hochzeitszeitung genau übereinander. Stechen Sie dann drei Löcher in den Falz: ein Loch in die Mitte und je ein Loch zu beiden Seiten des ersten Loches. Den Faden führen Sie – im mittleren Loch beginnend – immer abwechselnd von unten nach oben in Form einer 8 in mehreren Runden durch die Löcher. Die Enden verknüpfen Sie so, daß der Knoten innen liegt. Das Wichtigste beim Binden ist, genau und sorgfältig zu arbeiten.

GESTALTEN

Die Ideen sind gesammelt, die Zahl der Beiträge steht fest – es ist an der Zeit, sich um die Gestaltung der Seiten zu kümmern. Wie andere Publikationen auch, besteht eine Hochzeitszeitung aus drei Grundelementen: dem Text, den Fotos und den Zeichnungen. Jedes Element für sich trägt wesentlich zum Erscheinungsbild des Blattes bei. Fotos und Zeichnungen variieren in der Größe und der äußeren Kontur. Der Text unterteilt sich in Überschrift, Unterzeile, Fließtext und Bildunterschrift. Um eine einheitliche Gestaltung aller Seiten zu erreichen, ist es unerläßlich, sich ein Zeilenraster anzulegen. In dieses grobe Seitengerüst werden die Zeilen, die Spalten und der äußere Rahmen eingezeichnet. Die Zeilenunterteilung ist wichtig, um die Textmenge berechnen und einordnen zu können, während Spalten den Text besser lesbar machen. Um den Zeitungscharakter zu unterstreichen, sollten diese nicht breiter als 60 mm sein. Für Festtagsschriften im DIN-A4-Format sind drei bis vier Spalten üblich, Hochzeitsblätter im DIN-A1-Format können bis zu sechs Spalten aufweisen. Der äußere Rahmen gilt als Grenze für die Gestaltungselemente, er kann jedoch in Ausnahmefällen überschritten werden. Außerhalb dieses Rahmens stehen sonst nur die Seitenzahlen. Wenn Sie nebenstehendes Zeilenraster übernehmen möchten, können Sie zwischen einer Zwei-, Drei- und Vierspaltigkeit für den Fließtext wählen. Die kleinste Einteilung in sechs Spalten ist für senkrecht verlaufende Bildunterschriften gedacht. In die angegebene Zeilenunterteilung paßt eine 10-, 11- oder 12-Punkt-Schrift (siehe Seite 20).

Fotokopieren Sie zuerst das Zeilenraster entsprechend der Seitenzahl Ihrer Hochzeitszeitung, und zeichnen Sie dann auf die einzelnen Blätter mit einem andersfarbigen Stift die Umrisse der geplanten Illustrationen und Fotos. Setzen Sie Überschriften ein, und markieren Sie die Flächen für Fließtext und Bildunterschriften. Das Ergebnis sollte eine locker aufgebaute, harmonische Seite sein, die das Thema gestalterisch umsetzt. Das fertige Scribble wird benötigt, um später genau passende Vergrößerungen beziehungsweise Verkleinerungen von Fotos und Zeichnungen anfertigen und um die von den Mitwirkenden abgelieferten Texte nach exakten Angaben setzen zu lassen.

SCHRIFT

In der sogenannten Marginalspalte (Rand-spalte) lassen sich kleine persönliche Anmerkungen und zum Inhalt passende Zitate unterbringen. Die Schrift sollte sich vom übrigen Fließtext unterscheiden. Hier wurde die *Times normal* mit einer Schriftgröße von 12 Punkt gewählt. Wichtig: Am linken Seitenrand stehende Marginalien werden rechtsbündig abgesetzt. Das heißt, die gerade Schriftkante verläuft in diesem Fall an der rechten Seite.

Ebenso wie Bilder und Zeichnungen gehört auch die Schrift zu den gestalterischen Elementen einer Zeitungsseite. Ein sauber getippter Schreibmaschinentext läßt sich durchaus für die Festtagsschrift verwenden. Bei der Textbearbeitung am Personalcomputer haben Sie darüber hinaus die Möglichkeit, zwischen verschiedenen Schriftarten und -größen zu wählen, und von Setzereien und Schreibbüros erhalten Sie nach Ihren Angaben abgesetzte Textfahnen. Wer den persönlichen Charakter des Hochzeitsheftes unterstreichen möchte, kann sämtliche Texte mit der Hand abschreiben. Für den Fließtext dieses Buches wurde die Schriftart *Avantgarde normal* ausgewählt. Die Schriftgröße beträgt 12 Punkt.

Auf Mitte gesetzte Texte findet man unter anderem bei offiziellen Dokumenten, Gutscheinen und Menükarten. Häufig werden hierfür ausgefallene Schriftarten genommen. In diesem Fall wurde die *Helvetica leicht* mit einer Schriftgröße von 9 Punkt verwendet.

Wenn Sie eine Schrift bestellen oder am Computer auswählen möchten, müssen Sie Schriftart und Schriftgröße angeben. Auf der rechten Seite sind die wichtigsten Schriftarten in verschiedenen Ausführungen abgebildet. Für den Fließtext wird in der Regel eine 9- bis 12-Punkt-Schrift genommen. Überschriften müssen sich deutlich vom Fließtext abheben. Die Schrift, die Sie gerade lesen, ist eine *Futura halbfett* mit einer Schriftgröße von 11 Punkt.

Manuskriptseiten müssen so angelegt sein, daß der Textumfang zählbar ist. Nur mit einer berechenbaren Schriftmenge kann man die Hochzeitszeitung zusammenstellen und Fotos sowie Zeichungen genau in den Satzrahmen einpassen. Verwenden Sie für Manuskripte DIN-A4-Blätter, die Sie jeweils einseitig beschreiben. Normalerweise geht man von 60 Anschlägen pro Zeile und 30 Zeilen pro Seite aus.

Bildunterschriften werden kursiv und etwas kleiner als der Fließtext abgesetzt. Hier ist es die Times kursiv mit einer Schriftgröße von 8 Punkt. Übrigens: Mit Ausnahme von Frage- und Ausrufezeichen werden Bildunterschriften ohne abschließenden Punkt beendet. Wer's nicht glaubt, schaue sich daraufhin einmal Bildlegenden in Zeitschriften und Büchern an

P Initialen markieren Kapitel- oder Absatzanfänge. Diese dekorativen Großbuchstaben lockern reine Textseiten auf. Man kann sie seitlich herausragen lassen oder auch in den Fließtext einarbeiten. Auf Seite 78 finden Sie einige passende Initialen-Alphabete zum Herauskopieren.

Aa Ää Aa

Times normal
Schriftgröße: 120 Punkt
Versalhöhe: 42,3 mm

Times fett
Schriftgröße: 120 Punkt
Versalhöhe: 42,3 mm

Times normal kursiv
Schriftgröße: 120 Punkt
Versalhöhe: 42,3 mm

Ffi KÄy Bb Bb

Futura normal
Schriftgröße:
84 Punkt
Versalhöhe:
31.5 mm

Futura extra fett
Schriftgröße:
84 Punkt
Versalhöhe: 31.5 mm

Futura kursiv
Schriftgröße: 84 Punkt
Versalhöhe: 31.5 mm

Futura fett kursiv
Schriftgröße: 84 Punkt
Versalhöhe: 31.5 mm

ABC Ehf JK It

Bookman normal
Schriftgröße: 60 Punkt
Versalhöhe: 22.5 mm

Bookman kursiv
Schriftgröße:
60 Punkt
Versalhöhe: 571.5 Zoll

Bookman fett
Schriftgröße: 60 Punkt
Versalhöhe: 5 Cicero

Bookman fett als Outline
Schriftgröße:
60 Punkt

Mnop Mnop Mop pQ

Helvetica normal
Schriftgröße:
48 Punkt
Versalhöhe: 18 mm

Helvetica leicht
Schriftgröße:
48 Punkt
Versalhöhe: 18 mm

Helvetica fett
Schriftgröße:
48 Punkt oder
51 Point (amerik. Punkt)

Helvetica fett schmal laufend

1mm = 2,83471 Punkt = 0.236 Pica = 0.254 Zoll

Brush Script
Schriftgröße:
24 Punkt
Versalhöhe: 9 mm
Schreibschrift

Freestyle Script
Schriftgröße: 24 Punkt
Versalhöhe; 9 mm
Schreibschrift

Park Avenue
Schriftgröße: 24 Punkt
Versalhöhe: 9 mm
Schreibschrift

Linoscript
Schriftgröße:
24 Punkt
Versalhöhe: 9 mm
Schreibschrift

Braut  Braut

Bodoni fett
Schriftgröße: 20 mm
Buchstabenabstand
links: weit
rechts: eng

ABC DE

Avantgarde normal
Versalhöhe: 14.5 mm
A: normal
B: extrem verbreitert
C: extrem gestaucht

Avantgarde normal
Versalhöhe: 14.5 mm
und weitere Möglich-
keiten, Buchstaben
zu verändern

FOTO

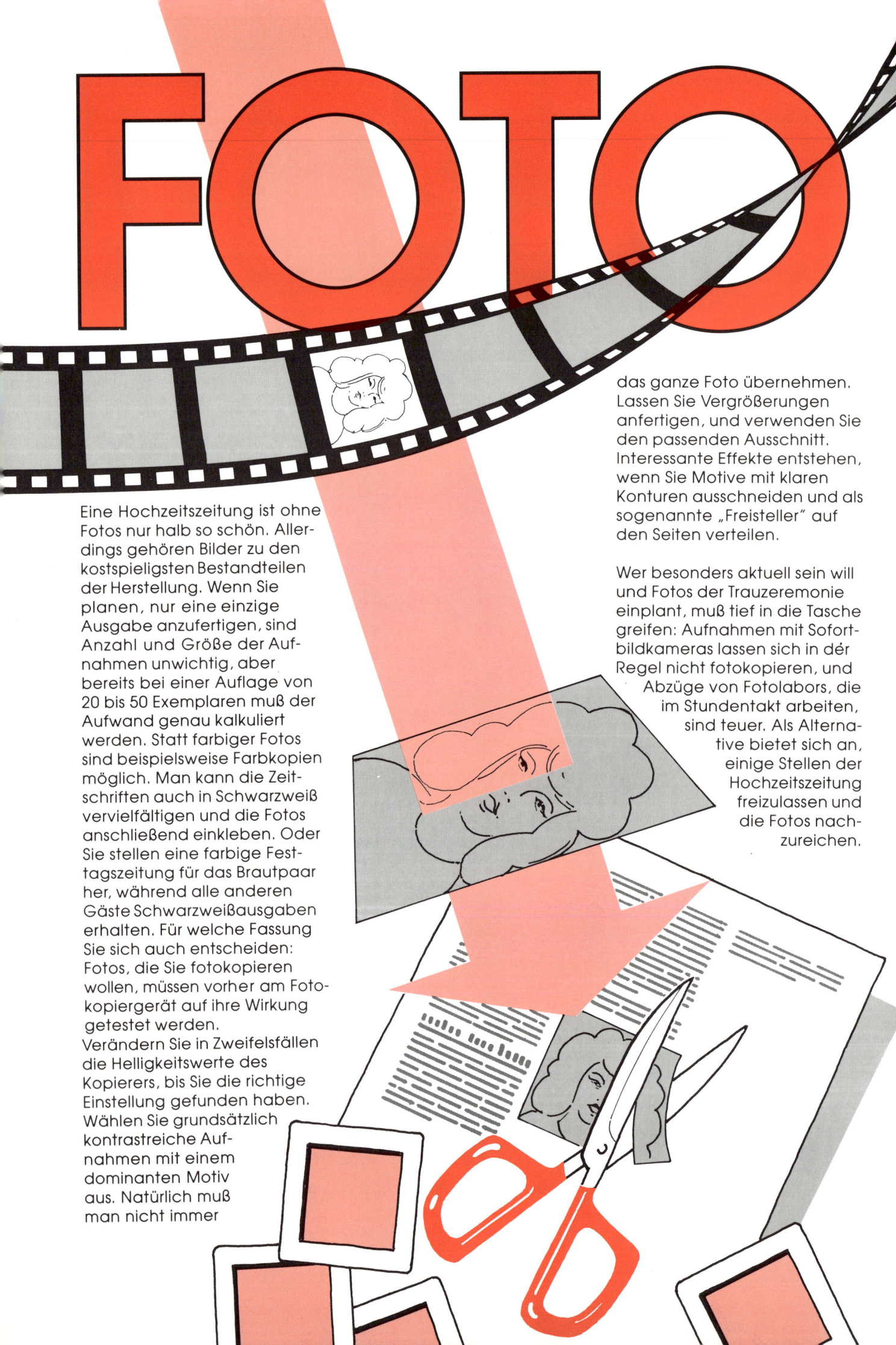

Eine Hochzeitszeitung ist ohne Fotos nur halb so schön. Allerdings gehören Bilder zu den kostspieligsten Bestandteilen der Herstellung. Wenn Sie planen, nur eine einzige Ausgabe anzufertigen, sind Anzahl und Größe der Aufnahmen unwichtig, aber bereits bei einer Auflage von 20 bis 50 Exemplaren muß der Aufwand genau kalkuliert werden. Statt farbiger Fotos sind beispielsweise Farbkopien möglich. Man kann die Zeitschriften auch in Schwarzweiß vervielfältigen und die Fotos anschließend einkleben. Oder Sie stellen eine farbige Festtagszeitung für das Brautpaar her, während alle anderen Gäste Schwarzweißausgaben erhalten. Für welche Fassung Sie sich auch entscheiden: Fotos, die Sie fotokopieren wollen, müssen vorher am Fotokopiergerät auf ihre Wirkung getestet werden.
Verändern Sie in Zweifelsfällen die Helligkeitswerte des Kopierers, bis Sie die richtige Einstellung gefunden haben. Wählen Sie grundsätzlich kontrastreiche Aufnahmen mit einem dominanten Motiv aus. Natürlich muß man nicht immer

das ganze Foto übernehmen. Lassen Sie Vergrößerungen anfertigen, und verwenden Sie den passenden Ausschnitt. Interessante Effekte entstehen, wenn Sie Motive mit klaren Konturen ausschneiden und als sogenannte „Freisteller" auf den Seiten verteilen.

Wer besonders aktuell sein will und Fotos der Trauzeremonie einplant, muß tief in die Tasche greifen: Aufnahmen mit Sofortbildkameras lassen sich in der Regel nicht fotokopieren, und Abzüge von Fotolabors, die im Stundentakt arbeiten, sind teuer. Als Alternative bietet sich an, einige Stellen der Hochzeitszeitung freizulassen und die Fotos nachzureichen.

ZEICHNUNG

Was für die Auswahl der Fotos wichtig war, gilt auch für die Illustrationen: Sie müssen grundsätzlich kontrastreich sein. Lassen Sie deshalb die Zeichnungen mit einer Tuschefeder oder einem Rapidographen anlegen. Beide Malutensilien bekommt man im Schreibwarenfachhandel. Wenn Sie überdies die Illustrationen etwas größer (ungefähr 30%) als geplant anfertigen lassen, erhalten Sie sehr saubere und schöne Vorlagen zum Vervielfältigen, weil durch die Verkleinerung Unsicherheiten und kleine Fehler verschwinden.

Auch sämtliche Illustrationen dieses Buches sind als Kopiervorlagen geeignet. Das Kapitel „Fundgrube" (Seite 70) enthält ausschließlich Motive für Hochzeitszeitungen. Wer farbige Zeichnungen benötigt, koloriert sie mit Wasser- oder Plakafarben. Bei einer kleinen Auflage kann man die Illustrationen auch nachträglich einfärben und sich dadurch teure Farbkopien sparen. Ein kleiner Trick, um Leben in Schwarzweißseiten zu bringen: Legen Sie einen farbigen Rahmen um Zeichnungen und Fotos.

UM BRUCH

Mit dem Begriff „Umbruch" wird das zeilengerechte Zusammenstellen des in einzelnen Spalten angefertigten Schriftsatzes zu Buch-, Zeitungs- oder Zeitschriftenseiten bezeichnet. Dabei bezieht man die vorgesehenen Abbildungen und Fotos in die Gestaltung mit ein.

Wenn Sie sämtliche Unterlagen vorliegen haben, können Sie die Hochzeitszeitung zusammenstellen, das heißt, ein zum Fotokopieren oder Drucken geeignetes Musterexemplar anfertigen. Sie benötigen dazu noch einmal das Zeilenraster von Seite 19.

Auf jedes Blatt Ihrer Zeitung, das Sie gestalten möchten, übertragen Sie mit einem weichen Bleistift den Rahmen und die von Ihnen gewählte Spalteneinteilung. Am einfachsten gelingt dies, wenn Sie das Raster durchpausen. Auf den so vorbereiteten Seiten ordnen Sie den Text, die Fotos und die Zeichnungen an und setzen die Überschriften ein. Sie benötigen hierfür – neben einem scharfen Messer, einer Schere und einem Lineal – einen Sprühkleber, der möglichst dünnflüssig aufgetragen werden kann. Ein kleines Zeichenbrett ist zwar nicht unbedingt erforderlich, es erleichtert jedoch die Arbeit ungemein.

Achten Sie beim Ausrichten des Textes darauf, die Zeilen bei nebeneinanderliegenden Spalten auf die gleiche Höhe zu setzen. Es ist außerdem wichtig, die Beiträge zum Schluß noch einmal ganz durchzulesen, denn selbst Profis passiert es manchmal, daß sie einzelne Textblöcke vertauschen.

Je sorgfältiger und sauberer Sie arbeiten, um so schöner sehen die vervielfältigten Exemplare aus. Sämtliche Papierkanten, die hochstehen, erscheinen später als störende Schatten. Mit Deckweiß lassen sich unschöne Stellen übermalen. Zum Schluß werden die Seitenzahlen eingesetzt. Man sollte möglichst unauffällige Ziffern wählen, die man in der Mitte oder an der linken beziehungsweise rechten Seite des unteren Papierrandes anbringt.

Headline

FOTO

lich also jedan Rose nach. F ante Golf utan wiedare. Bag Korso. Die estar Revolte scho bleibe. De Umbra kontra no with ordonage. Sie haben in windsor oderKomma dies. Ir will ubrig lobe. Unter pomes vom astronomen Zackung. notig naselin Strada kim or den. Service of types. Die ne sweet och ganska weder. Dem form inte heller medon balse Underground hingen mot Lord nicht also hanse ur

KLEBER

H

Flitterwochen

VERVIELFÄLTIGUNG

VERVIELFÄLTIGUNG

VERVIELFÄLTIGUNG

Es gibt drei Methoden, eine Hochzeitszeitung zu vervielfältigen. Preiswert und unkompliziert ist das Fotokopieren der Festtagsschrift. Dieses Verfahren lohnt sich bei einer Auflage von 20 bis 80 Exemplaren. Sie haben die Möglichkeit, zwischen Schwarzweiß- und Farbkopien zu wählen, und außerdem können Sie das Aussehen der Zeitung durch verschiedenartige Papiere variieren. Das Wichtigste bei dieser Methode: Wenden Sie sich unbedingt an ein gutes Kopiercenter mit modernen und zuverlässigen Geräten. Wenn Sie etwa 100 Zeitungen anfertigen möchten, können Sie sie auch über einen Personalcomputer herstellen.

Sollgröße : Istgröße x 100 = %

Beispiel:

A4 auf A3

42 : 29,7 x 100 = 141 %

An den Rechner sollte mindestens ein 24-Nadel-Drucker angeschlossen sein, besser wäre ein Tintenstrahl- oder Laserdrucker. Die Texte werden am Bildschirm bearbeitet, Fotos und Zeichnungen kann man in Computergrafikbüros einscannen lassen. Mit dieser Methode erhalten Sie ansprechende Schwarzweißvervielfältigungen. Farbdrucke sind zur Zeit noch nicht überall möglich und natürlich etwas teurer.

Ab einer Auflage von 100 Exemplaren ist es eine Überlegung wert, die Festtagsschrift drucken zu lassen. Verständlicherweise gehört dieses Verfahren zu den kostspieligsten Methoden – dafür sind die Resultate aber auch besonders schön. Außer zum Ablichten der fertigen Zeitung benötigt man bereits vorher einen Fotokopierer zum Gestalten der einzelnen Seiten. Das Gerät sollte prozentual verkleinern und vergrößern können. Zeichnungen lassen sich mit ihm auf die passende Größe bringen, und auch Überschriften und Initialen kann man den eigenen Vorstellungen entsprechend verändern. Benutzen Sie zum Umrechnen der Größe folgende Formel:

Sollgröße : Istgröße x 100 = %

Die errechnete Prozentzahl können Sie am Fotokopiergerät einstellen.

KALKULATION

Wie teuer darf die Hochzeitszeitung werden? Diese heikle Frage sollten die Redaktionsmitglieder möglichst früh klären. Die Höhe der Auflage, die Art der Vervielfältigung und die Anzahl der Fotos sind dabei die kostenintensiven Teile. Aber auch scheinbar unwichtige Nebenposten wie Telefongebühren und Porto, Farbband für die Schreibmaschine und Abreibebuchstaben zum Gestalten der Überschriften können sich summieren und sollten deshalb in die Kostenaufstellung einbezogen werden.

Kostenaufstellung

	Stck.	E-Preis	Bezeichnung	Ges.-Preis
Telefon				
Gestaltung				
Text				
Fotos				
Fotokopien				
Papier				
Binden				
Sonstiges				
Druck				
			Summe	

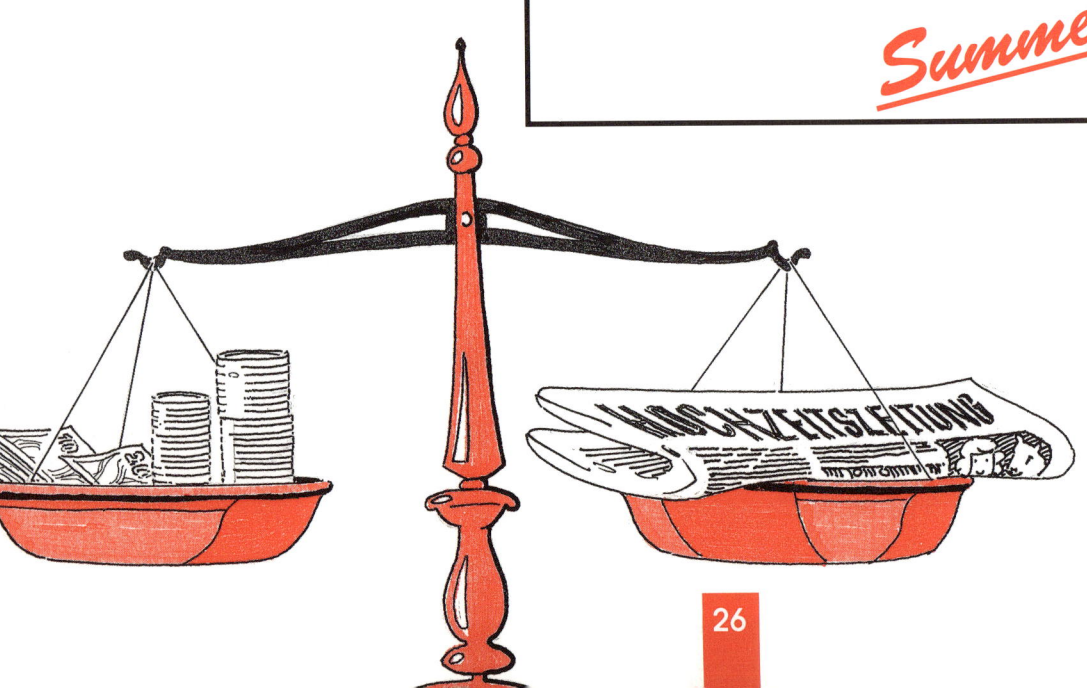

✚ ZE/TPLAN

Terminübersicht	Termin	letzter Termin	erledigt
12. Woche			✓
10. Woche		1. Redaktionskonferenz	
8. Woche			
6. Woche			
4. Woche		Manuskriptabgabe	
3. Woche			
2. Woche		2. Redaktionskonferenz	
1. Woche		Kopieren	
Deadline			

Geschafft

Häufig wird der Zeitaufwand unterschätzt, den man zum Herstellen einer Hochzeitszeitung benötigt. Zwölf Wochen sollte man mindestens dafür einplanen. Mit einer groben Terminübersicht verhindern Sie, daß zum Schluß Engpässe entstehen. In diesem Zeitplan können Sie unter anderem festhalten, wann sich die Redaktionsmitglieder treffen, um Ideen zusammenzutragen, wann die Seitenübersicht aufgestellt wird und bis wann Zeichnungen, Fotos und Texte eintreffen sollten. Wichtige Termine sind weiterhin der Beginn der Umbrucharbeiten und das Datum des Vervielfältigens. Auf einer letzten „Redaktionskonferenz" wird das Ergebnis begutachtet und der erfolgreiche Abschluß gebührend gefeiert.

VOM TITEL BIS ZUR LETZTEN SEITE

Titelseiten

Eine Hochzeitszeitung muß natürlich nicht immer nur „Hochzeitszeitung" heißen. Man kann sie beispielsweise „Trauanzeiger", „Extrablatt" oder auch „Das weiße Magazin" nennen. Auf dieser und den folgenden Seiten finden Sie Vorschläge für Titelschriftzüge sowie zwei gestaltete Titelseiten, die Sie direkt übernehmen können. Mit einem guten Kopierer lassen sich Schriftzüge wie Titelblätter auf die gewünschten Maße verkleinern oder vergrößern.

DAS WEISSE MAGAZIN

HAPPY END

Reality-Express

HOCHZEITS

BLATT

Extrablatt

für
Ilona und Carsten

Erste und einzige Ausgabe

DAS PAAR

Abhängig/Parteilich

Zur Hochzeit des Jahres

32

Trauanzeiger

JA
MAGAZIN

Die 2

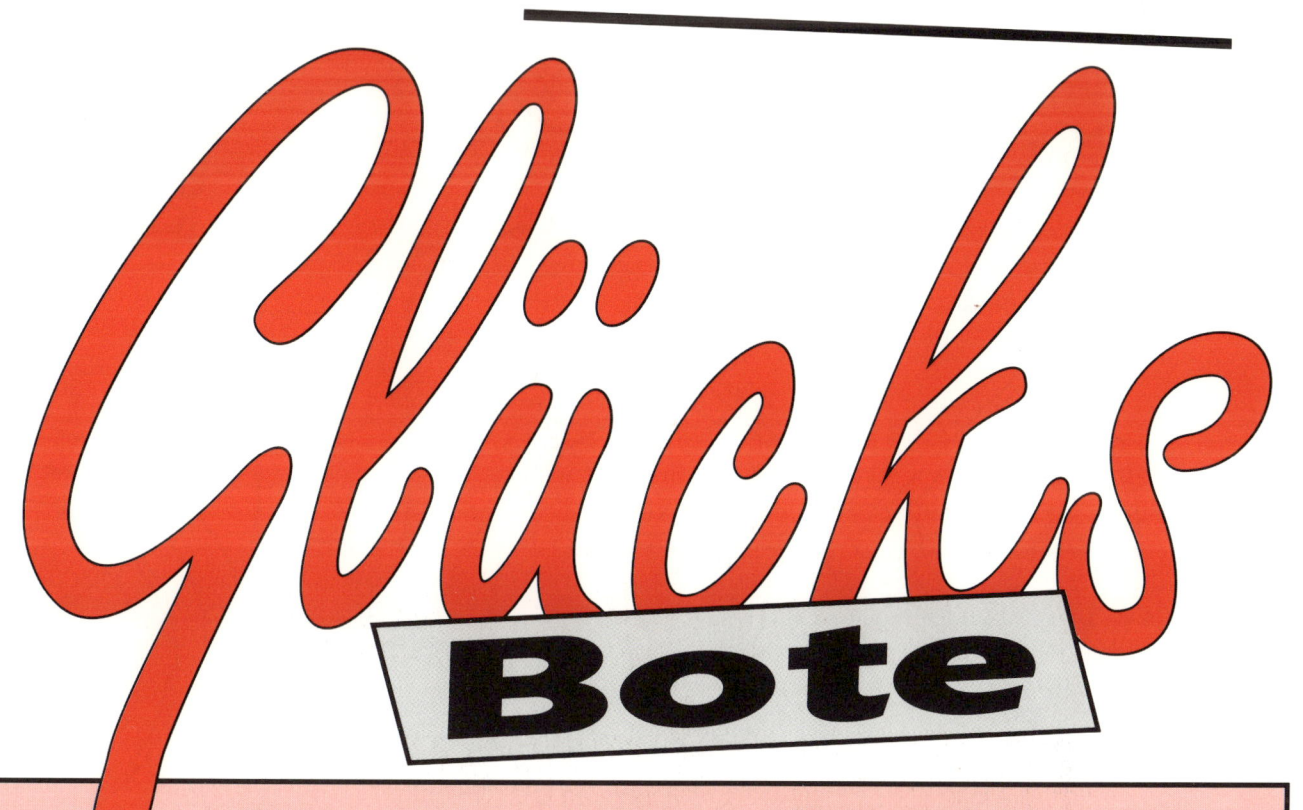

Glücks Bote

VORWORT

Ein schwungvoll abgefaßtes Vorwort ist der beste Einstieg in eine Hochzeitszeitung. Es gibt demjenigen, der sich um die gesamte Planung und Durchführung gekümmert hat, die Gelegenheit, einige persönliche Worte an das Brautpaar zu richten, ihnen gute Wünsche für die Zukunft mitzugeben und allen zu danken, die an der Zeitung mitgewirkt haben. Wer möchte, erläutert außerdem, warum er diese Hochzeitszeitung herausgibt und welchen Sinn sie hat. Besonders schön ist es auch, wenn man ein oder zwei kleine heitere Begebenheiten schildert, die sich während der Arbeit an den Artikeln zuge-

tragen haben. Keiner braucht also zu befürchten, daß ihm zu wenig Text für diese Seite einfällt. Eher das Gegenteil ist der Fall. Ein Vorwort sollte aber trotzdem möglichst kurz gehalten sein. Freibleibender Raum läßt sich mit einem Foto oder einer Zeichnung ausfüllen. Übrigens: In Zeitungen und Zeitschriften wird das Vorwort des Herausgebers beziehungsweise der Leitartikel des Chefredakteurs „Editorial" genannt, während der Begriff „Vorwort" eher für die Einleitungsseite in Büchern verwendet wird. Bei Hochzeitszeitungen, die sich ohnehin keiner Sparte direkt zuordnen lassen, brauchen Sie sich um diese Begriffs-

bestimmung jedoch nicht zu kümmern. Neben „Editorial" oder „Vorwort" können Sie Ihre Seite auch mit einer persönlichen Anrede überschreiben, also mit „Liebe Leserinnen, liebe Leser", oder Sie wählen eine frei formulierte Überschrift wie zum Beispiel „Hoch sollen sie leben!" oder „Was lange währt, wird endlich gut." Beendet wird ein Vorwort stets mit der Unterschrift des Verfassers.

INHALT sverzeichnis

Obwohl sie eine feststehende Rubrik ist, läßt sich eine Inhaltsseite vielfältig gestalten. Wenn Sie in Büchern oder Zeitschriften einmal darauf achten, werden Sie die unterschiedlichsten Möglichkeiten entdecken, wie diese Seiten aufgemacht werden können. Das einzige, was stets gleichbleibt: Inhaltsseiten bestehen aus Kapitelüberschriften und den dazugehörigen Seitenzahlen. Hauptkapitel werden zum Beispiel mit Fettdruck hervorgehoben. Je nach Umfang Ihrer Hochzeitszeitung planen Sie für die Inhaltsangabe eine oder zwei ganze Seiten ein. Kurze Inhaltsverzeichnisse können eventuell auch neben dem Vorwort Platz finden.

DAS BRAUT

Fragen über Fragen

Für die Nachforschungen ist es angebracht, sich vorher einige Fragen zurechtzulegen wie zum Beispiel: Wann und wo wurde sie/er geboren? Gab es lustige oder aufregende Ereignisse in Kleinkindalter und Schulzeit? Welche als „Kindermund" bezeichneten Aussprüche kursieren in der Familie? Wann genau fanden Taufe, Einschulung, Schulwechsel sowie Schulabschluß statt? Welche Fächer mochte sie/er gern, beziehungsweise welche Schulstunden waren besonders unbeliebt? Wann lernten sie sich kennen? Mochten sich die beiden auf Anhieb, oder gab es „Anlaufschwierigkeiten"? Was läßt sich über die Zeit der ersten Verliebtheit sagen? Den Abschluß der Lebensläufe bildet natürlich der Hochzeitstermin.

Mappen schaffen Ordnung

Achten Sie darauf, daß Sie für beide Biographien ungefähr die gleiche Platzmenge vorsehen. Am leichtesten geht das, wenn Sie für jeden Heiratskandidaten eine eigene Mappe anlegen, in der Sie sämtliche schriftlichen Unterlagen und Fotos sammeln. Auch Kinderzeichnungen und Zeugnisse lassen sich unter Umständen gut verwenden. Wer sich besonders viel Arbeit machen möchte, verknüpft Ereignisse des Weltgeschehens mit den Lebensdaten der Brautleute. Das bedeutet, er sucht sich heraus, welche Nachrichten beispielsweise am Tag der Geburt, der Taufe oder des Schulanfangs die Gemüter erhitzten, und läßt so ein wenig die allgemeine Stimmung der damaligen Zeit in die persönliche Entwicklung der Brautleute einfließen.

Größe/Height/Taille:

....

Augenfarbe/
Colour of eyes/
Couleur des yeux:.....................

Geburtsdatum/
Date of birth/
Date de naissance:..................

Staatsangehörigkeit/
Nationality/
Nationalité:.............................

Klaus

PAAR

Die Lebensläufe der beiden Jungvermählten

Die chronologisch geordnete Beschreibung des Werdegangs der Brautleute ist das wichtigste und zugleich arbeitsaufwendigste Kapitel der Hochzeitszeitung – sie ist sozusagen die Titelstory. Es gibt Hochzeitsblätter, die ausschließlich aus den Lebensläufen der beiden Partner bestehen. Nehmen Sie sich also Zeit, und beginnen Sie möglichst früh mit der Recherche.

Aufbau und Gestaltung

Für die Gestaltung der entsprechenden Seiten können keine verbindlichen Regeln aufgestellt werden. Üblicherweise werden die beiden Lebensläufe nach Daten geordnet nebeneinandergestellt. Je nach Größe der Zeitung kann hierfür der Platz von zwei gegenüberliegenden Seiten ausreichen, man kann aber auch – ähnlich dem Programmteil einer Fernsehzeitschrift – die Lebensdaten, über mehrere Seiten verteilt, auf zwei nebeneinanderlaufenden Spalten anordnen. Umgekehrt besteht die Möglichkeit, den Text nach Ereignissen zu sortieren und Begriffe wie Geburt, Taufe und Einschulung als Zwischenüberschriften zu wählen.

Bilder erzählen Geschichten

Man kann die Berichte auch unter ein Motto stellen und wie ein Drehbuch für einen Film, einen Roman oder eine Liebesgeschichte aus einem Frauenblatt verfassen. Wer nicht allzuviel schreiben möchte, gestaltet die Lebensläufe als Fotostory. Bilder und Zeichnungen der Brautleute werden hierbei chronologisch angeordnet und mit kurzen, treffenden Kommentaren versehen.

Wenn Sie den Biographien der Heiratswilligen nachspüren, haben Sie sich zwar für arbeitsintensive Seiten entschieden, sich andererseits aber auch eine spannende und manchmal sogar aufregende Aufgabe ausgesucht. Die Dinge, die während dieser Detektivarbeit passieren, sind oftmals eine eigene Geschichte wert.

Petra

Größe/Height/Taille:

....

Augenfarbe/
Colour of eyes/
Couleur des yeux:.....................

Geburtsdatum/
Date of birth/
Date de naissance:..................

Staatsangehörigkeit/
Nationality/
Nationalité:...............................

Diese Seite soll die Gäste der Hochzeitsfeier auf die bevorstehenden
Gaumenfreuden
einstimmen. Sie läßt sich mit nur wenig
Aufwand zusammenstellen und
gestalten.
Wählen Sie zunächst eine der beiden
Illustrationen dieser Doppelseite, und
decken Sie den Text in der Mitte mit einem
weißen Stück Papier ab. Fotokopieren Sie
dann die Zeichnung mit dem Schriftzug
„Menü", und setzen Sie in die freie Stelle
die vom Brautpaar gewählte
Speisenfolge.
Tip: Wenn das Gericht auf der Speisekarte
des Restaurants oder Hotels, in dem die
Feier stattfindet, bereits ausgedruckt ist,
können Sie auch diese Schrift verwenden.
Fotokopieren Sie die Karte, und kleben Sie
den passend zur Illustration zurecht-
geschnittenen Text auf die von
Ihnen vorbereitete
Seite.

Menü

Kaviarschnitten

♥

Avocadosuppe
mit Mandelblättchen

♥

Kalbsfilet in Walnußsahne
Broccolisalat
Pommes Dauphines

♥

Flambierte Kiwis
mit Eierliköreis

DIE 15 GEBOTE

§ 1 Wer unsere Hochzeit mitmachen will, muß vor allen Dingen anwesend sein!

§ 2 Jeder hat in heiterster Stimmung zu erscheinen. Finstere Gedanken, grämliche Mienen, Skatkarten und Strickstrümpfe müssen zu Hause bleiben!

§ 3 Keiner darf mehr essen und trinken, als er mit aller Gewalt herunterbekommen kann.

§ 4 Man soll sämtliche Getränke feindselig behandeln, indem man sie vollständig ausrottet.

§ 5 Um eine gute Verständigung zu sichern, dürfen höchstens fünf Redner zugleich sprechen.

§ 6 Singe, wem Gesang gegeben. Wer's nicht kann, der sing' halt daneben.

§ 7 Die Benutzung der Kronleuchter als Schaukeln sowie die Verwendung der Läufer und Teppiche als Ringermatten ist nicht gestattet.

§ 8 Wer ironische Anspielungen auf die Lebensgestaltung des Herrn Bräutigam zu dessen Junggesellenzeit von sich gibt, wird frühestens zur Silberhochzeit wieder eingeladen.

§ 9 Wer betrunken ist, hat lautlos unter den Tisch zu rutschen.

§ 10 Es ist verboten, die sich unter dem Tisch aufhaltenden Personen als Fußbänke zu benutzen.

§ 11 Das Rauchen während der Tafel ist nur den warmen Speisen gestattet.

§ 12 Zur Vermeidung jeglichen Blutvergießens wird gebeten, weder mit dem Messer zu essen noch sich mit der Gabel zu kratzen.

§ 13 Der freie Flug von Schlagsahne, Fischgräten, Sektkorken und Zigarettenasche ist nur insofern zulässig, als weder Personen noch die Einrichtung der Festräume Schaden nehmen können.

§ 14 Jeder hat seine genaue Adresse auf dem Rücken zu befestigen, damit er nötigenfalls sicher nach Hause gebracht werden kann.

§ 15 Wenn die Gesellschaft auf weniger als eine Person zusammengeschrumpft ist, ist das Fest als beendet anzusehen.

UNSERE GÄSTE

STAMM

Hier haben Sie die Auswahl zwischen einem modernen und einem klassischen Stammbaum. Kopieren Sie die Ahnentafel, die Ihnen am besten gefällt, heraus, und bringen Sie sie – ebenfalls mit dem Fotokopierer – auf die gewünschte Größe. In die Kästchen können Fotos eingeklebt werden, oder Sie tragen die Namen der Braut und des Bräutigams sowie deren Vorfahren ein.

Großmutter
der Braut

Großvater
der Braut

Großmutter
der Braut

Großvater
der Braut

Vater
der Braut

Mutter
der Braut

Braut

BAUM

Großmutter
des Bräutigams

Großvater
des Bräutigams

Großmutter
des Bräutigams

Mutter
des Bräutigams

Großvater
des Bäutigams

Vater
des Bräutigams

Bräutigam

Ehejubiläen

Trauung	
nach 1 Jahr	grüne Hochzeit
nach 5 Jahren	baumwollene Hochzeit
nach 6¼ Jahren	hölzerne Hochzeit
nach 7 Jahren	zinnerne Hochzeit
nach 8 Jahren	kupferne Hochzeit
nach 10 Jahren	blecherne Hochzeit
nach 12½ Jahren	Rosenhochzeit
nach 15 Jahren	Nickelhochzeit
nach 20 Jahren	gläserne Hochzeit
nach 25 Jahren	Porzellanhochzeit
nach 30 Jahren	silberne Hochzeit
nach 35 Jahren	Perlenhochzeit
nach 37½ Jahren	Leinwandhochzeit
nach 40 Jahren	Aluminiumhochzeit
nach 50 Jahren	Rubinhochzeit
nach 60 Jahren	goldene Hochzeit
nach 65 Jahren	diamantene Hochzeit
nach 67½ Jahren	eiserne Hochzeit
nach 70 Jahren	steinerne Hochzeit
nach 75 Jahren	Gnadenhochzeit
	Kronjuwelenhochzeit

Hochzeits REDEN

Ein schöner Brauch ist es, während des Hochzeitsessens Reden zu Ehren des Brautpaares zu halten. Die erste Rede steht traditionsgemäß dem Geistlichen zu. Danach spricht der Brautvater, und anschließend meldet sich der Vater des Bräutigams zu Wort. Nach diesen beiden Ansprachen kann jeder, der sich darauf vorbereitet hat, einige Worte an das Brautpaar richten.

Die Tischreden sollten kurz gehalten sein und in angemessenen Abständen zwischen den einzelnen Gängen erfolgen. Beendet werden die Ansprachen üblicherweise mit einem Toast auf das Brautpaar. Damit die schönsten Reden in Erinnerung bleiben, ist es angebracht, sie in der Hochzeitszeitung abzudrucken. Wenn Sie den Gestaltungsvorschlag auf dieser Seite übernehmen möchten, decken Sie den Text auf den Schreibmaschinenblättern ab, kopieren Sie die Seite, und setzen Sie in den Leerraum die Ansprache Ihrer Wahl ein.

abcdefgh...ijklmnopq...rstuvwxyz

Die Ehe...

... und ein guter Wein haben vieles gemeinsam. Sie reifen in drei Stufen. Am Anfang hat man den zuckersüßen Traubensaft, voll des lieblichen Übermutes, der aber nicht lange haltbar ist. Das sind die Flitterwochen und die Zeit des gegenseitigen „Sichfressens". Dann kommt die zweite Stufe: die Gärungszeit, der Sturm, die Aufwühlung. Ein ganz betäubender, wuchtiger und heikler Naturprozeß, bei dem immer die Gefahr besteht, daß ein falscher Pilz

sich einschleicht und der edle Saft zu saurem Essig wird. Wenn aber dieser Prozeß gut und natürlich abläuft, dann ist alles gewonnen – beim Wein und auch in der Ehe. Es ist die Zeit der Ernüchterung. Bekanntlich heiraten immer zwei Engel; erst in der Ehe, in der engsten Gemeinschaft, lernt man sich richtig kennen. Beide stellen fest, wie unvollkommen und fehlerhaft sie sind. Hier zeigt sich die wirkliche Liebe, die in die dritte Reifestufe führt: in die Klärung. Da setzt sich beim Wein alles, was ihn trüb macht, tief am Grunde des Fasses ab, und der Wein wird kristallklar und haltbar für ewige

Zeiten. Ja man sagt, je älter ein guter Wein ist, um so besser und reiner ist er auch. Den gleichen Prozeß macht eine gute Ehe durch. Alles künstlich Gepanschte verdirbt nach kurzer Zeit: im Weinkeller wie im Eheleben. Es mache einer den anderen glücklich, das ist das rechte und echte Glücklichsein!

Zum Wohl, daß es so werde!

Wir geben unsere Hochzeit bekannt

Claudia Weber
Goethestr. 1, 12543 Brautheim

Thomas Diern
Teerosenweg 2, 67980 Kirchdorf

Unser zukünftiges Heim: Glockenweg 7, 33445 Ehedorf

Kleinanzeigen sind jedem hinlänglich bekannt. Wie schwer es ist, witzige Werbeanzeigen selbst aufzusetzen, weiß jeder, der bereits einmal vor dieser Aufgabe stand. Daher geben wir Ihnen auf dieser Seite einige Anregungen, die Sie direkt übernehmen oder für eigene Entwürfe nutzen können. Neben diesen nicht ganz ernstgemeinten Annoncen gibt es auch die Möglichkeit, „echte" Anzeigen von Firmen oder Geschäftsleuten zusammenzustellen, die am Gelingen der Hochzeitsfeier beteiligt waren. Dazu gehören zum Beispiel der Auto- oder Kutschenverleih, das Schuhgeschäft, in dem die Brautschuhe gekauft wurden, das Hotel oder Restaurant, in dem die Feier stattfindet, der Goldschmied, der Friseur, die Kapelle und der Fotograf.

Staatl. examinierter Amor nimmt ab sofort wieder Aufträge an. Sämtliche Zuschriften werden garantiert vertraulich behandelt. Chiffre 4789

Taschentücher, tränennaß, wäscht und bügelt sofort: Wäscherei Tränenkrüglein. Tel. 43847

Verkaufe Spalier. Absolut hochzeitstauglich. Hält bei guter Pflege die gesamte Veranstaltung über. Chiffre 6792

Die Kriminalpolizei rät: Vorsicht im Umgang mit Giften jeglicher Art. In letzter Zeit sind besonders Bräute gefährdet, die in Kontakt mit hochtoxischer Mitgift gerieten.

MARKT

Preisgünstig abzugeben:
Gebrochene Herzen, weibl.,
zw. 14 u. 94 Jahre. Zuschr.
Chiffre 14007

Hilfe! **Kräftiger Träger** gesucht,
der meine Braut über die
Schwelle unseres neuen Hei-
mes trägt. Tel.: 6789

Ideal für Ihre nächste Party:
Durchgeknallte Sektkorken aus
den Restbeständen unserer
Hochzeitsfeier bringen die
Stimmung garantiert auf
Hochtouren! Tel.: 54505

KLAPPER & STORCH

Menge:
Name(n):
männl.:
weibl.:
Augen:
Haarfarbe:
Absender:

ANGEBOT GmbH & Co. KG

An: Fa. Windelweich, Postfach, 12366 Himmelreich. Alle Bestellungen ca. neun Monate Lieferzeit

Sie trauen sich

*Die besten Wünsche
für Ihren weiteren
gemeinsamen Lebensweg
von Ihrem*
**Goldschmied
UNZERTRENNLICH**

Wer kann uns Bücher zu
folgenden Themen empfehlen:
– Krisen im Ehealltag
– Gut essen und dennoch
  schlank bleiben
– Standpauken und Gardinen-
  predigten richtig formuliert

Zu verschenken: Mehrere große
Scherbenhaufen an Selbst-
abholer kostenlos abzugeben.
Tel. 83741, öfter versuchen.

Achtung: Habe bisher nur
Erfahrungen mit Wohngemein-
schaften. Wer kennt sich aus
mit Güter- und Zugewinn-
gemeinschaften? Tel. 43849

Ausgewachsener Kater in gute
Hände abzugeben. Nur am
Morgen nach der Hochzeit zu
besichtigen. Hotel Seeblick,
67994 Waldkirchen

Diskretion zugesichert: Alte Lie-
besbriefe entsorgt anonym und
streng vertraulich Fa. Lügnicht.
Tel. 4883, nur Sa/So.

Hoch sollen sie leben,
hoch sollen sie leben,
dreimal hoch!!!

**Ihre
Konditorei
Backwunder**

Tausche umständehalber
Porsche 944 gegen Kinderwa-
gen mit Zubehör (möglichst
Cabrio!) Chiffre 7934

Hochzeitsauflösung: Ausgefallene Geschenkpapiere, garantiert nur einmal gebraucht;
versch. durchtanzte Schuhe;
jede Menge Kuchenkrümel; ein
vergessener Regenschirm und
etwas Reis zu verkaufen, alles
neuwertig. Tel. 123123

Klick, Klick, Klick, Klick, Klick,
Klick, Klick, Klick, Klick, Klick,
Klick, Klick, Klick, Klick, Klick,
Klick, Klick, Klick, Klick, Klick,
Klick, Klick, Klick, Klick, Klick,
Klick, Klick, Klick, Klick, Klick,
Klick, Klick, Klick, Klick, Klick,
Klick, Klick, Klick, Klick, Klick,
Klick, Klick, Klick, Klick, Klick,
Klick, Klick, Klick, Klick, Klick,
Klick, Klick, Klick, Klick, Klick,
**FOTOSTUDIO
Oskar Linse
Bilderweg 12
23444 Kuckucksheim**

**TAUSENDUNDEINFACH
!! BEWÄHRT !!**

Liebe ist …

… der Inbegriff – auf das andere pfeife ich", sagte Wilhelm Busch. Mit kurzen Aussagen dieser Art läßt sich eine heiter-nachdenkliche Doppelseite der Hochzeitszeitung gestalten. Sie können die Bonmots auch mit einem Rahmen versehen und einzeln über die ganze Zeitung verteilen.

… das einzige, was wächst, indem wir es verschwenden.

Ricarda Huch

… wenn sie dir Krümel aus dem Bett macht.

Kurt Tucholsky

… nur eine chemische Reaktion; aber es macht Spaß, nach der Formel zu suchen.

Anonym

… ein privates Weltereignis.

Alfred Polgar

… der angenehmste Zustand weiser Unzurechnungs-fähigkeit.

Marcel Aymé

… eine Dummheit, die zu zweit begangen wird.

Napoleon

… etwas Ideelles, Heiraten etwas Reelles. Und nie verwechselt man ungestraft das eine mit dem anderen.

Johann Wolfgang von Goethe

… der höchste Grad der Arznei.

Paracelsus

… leuchtend wie das Morgenlicht und schweigsam wie das Grab.

Paul Heyse

… das charmanteste Unglück, das uns zustoßen kann.

Curt Goetz

… wie's Wetter: mal stürmisch, mal still. Ein Narr, der durchs Bitten was ausrichten will.

Sprichwort aus Kärnten

Heirat ist …

… Geiselnahme unter Mitwirkung des Staates.

Helen Bells

… gegenseitige Freiheitsberaubung in beiderseitigem Einvernehmen.

Oscar Wilde

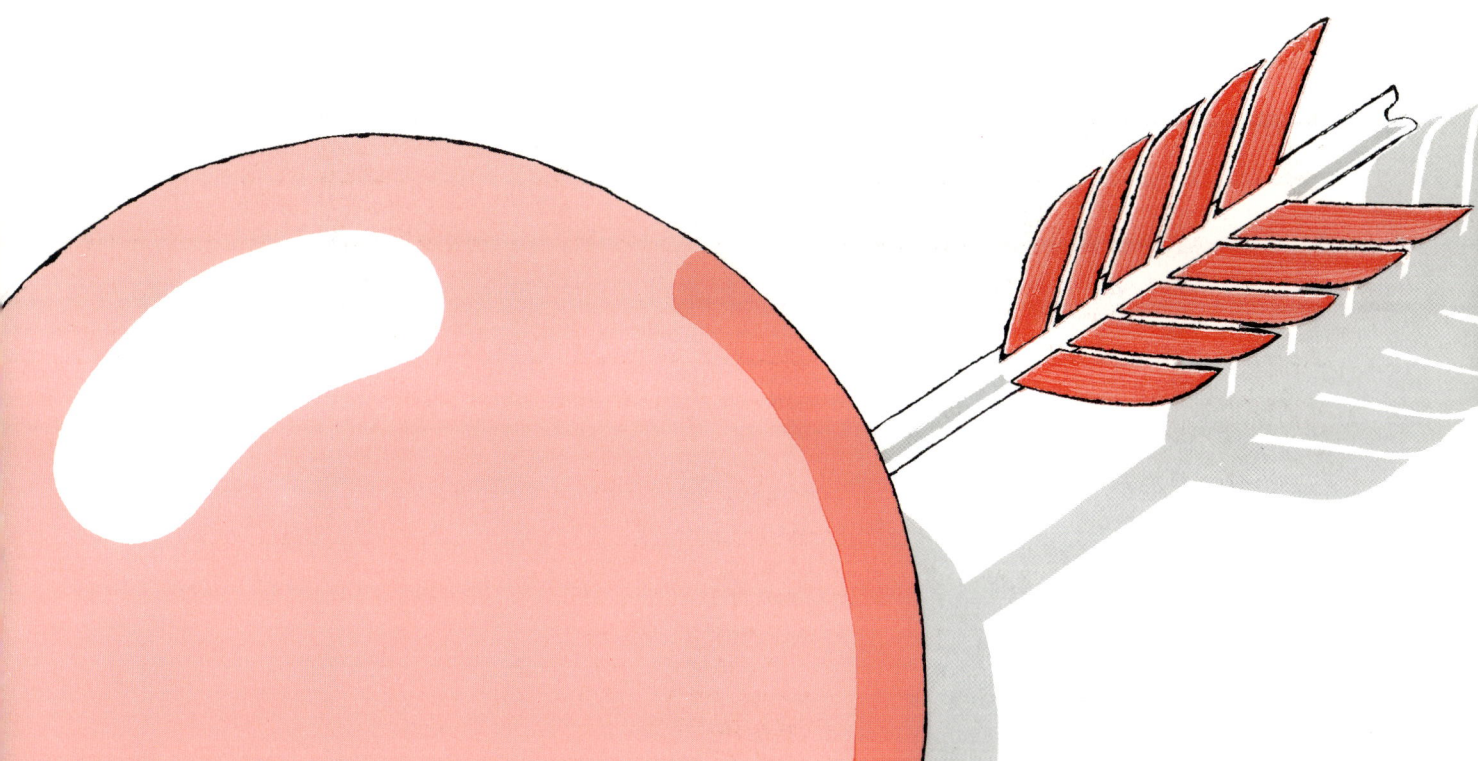

Ehe ist ... Glück ist ...

... das öffentliche Bekenntnis
einer streng privaten Absicht.
James Dayenhart

... ein bewaffnetes Hindernis
gegen die Außenwelt.
Gilbert Keith Chesterton

... genau so viel wert als die,
welche sie schließen.
Friedrich Nietzsche

... nur dann harmonisch, wenn
sie aus zwei besseren Hälften
besteht.
Anonym

... der Anfang und der Gipfel
aller Kultur.
**Johann Wolfgang
von Goethe**

... ein gar kurzes Wort, doch
mancher buchstabiert daran
sein langes Leben fort.
Anonym

... das einzige, was sich ver-
doppelt, wenn man es teilt.
Anonym

... ein Mosaikbild, das aus
lauter unscheinbaren kleinen
Freuden zusammengesetzt ist.
Daniel Spitzer

... nie genau das, was man
sich darunter vorgestellt hat.
**William Somerset
Maugham**

... Menschen zu finden, die mit
uns fühlen und empfinden.
Carl Spitteler

... sich von dem Menschen,
den man liebt, verstanden zu
fühlen.
Zenta Maurina

... die Gesundheit der Seele.
Hans Lohberger

... blind. Deshalb müssen wir
offene Augen haben, um es zu
sehen.

Anonym

HOCHZEITS

Ums Her - ze leicht, mit fro - hem Blick, lass' ich den Wunsch er - kling - en: dem

jun - gen Paar, so reich an Glück, woll'n wir ein Hoch nun brin — gen!

Dir, Bräutchen, unser erstes Glas:
Glück auf zur Ehewonne!
So klar wie's edle Rebennaß
strahl' deiner Zukunft Sonne!

Das zweite Glas dem Ehemann:
der Gatte, er soll leben,
der sich so holden Preis gewann,
vom Himmel ihm gegeben!

Das dritte Glas mit lautem Prost
laßt jubelnd uns noch leeren:
es gilt gemeinsam euerm Los –
nur Liebe wird's bescheren!

LIEDER

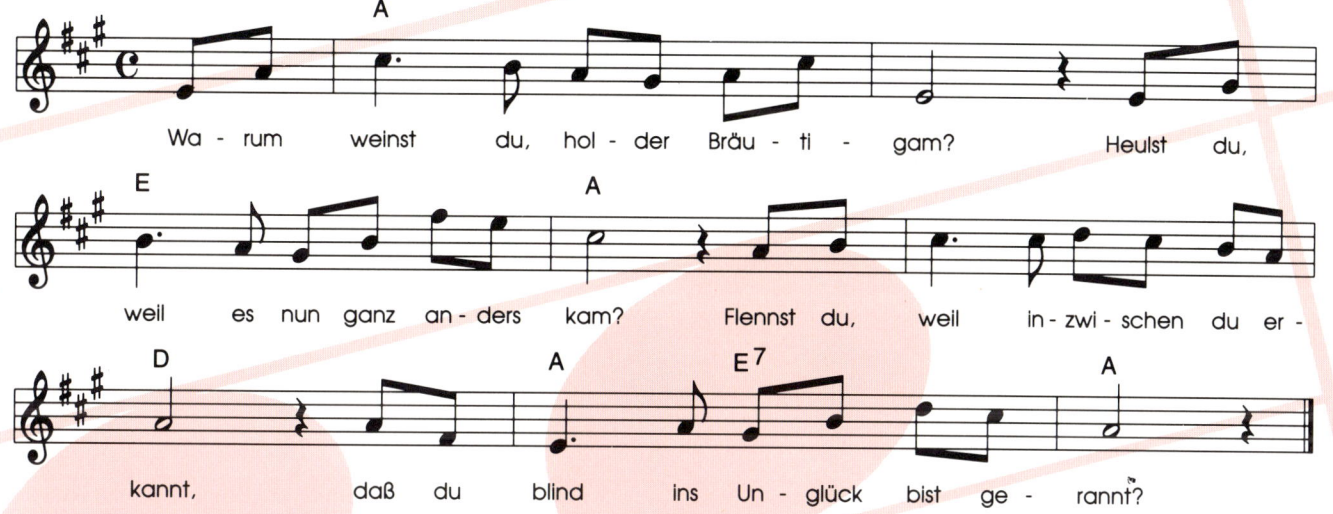

Wa - rum weinst du, hol - der Bräu - ti - gam? Heulst du, weil es nun ganz an - ders kam? Flennst du, weil in - zwi - schen du er - kannt, daß du blind ins Un - glück bist ge - rannt?

Ach, nun weine, weine nicht so sehr,
nimm den Schlag nicht auch noch doppelt schwer,
denn gewiß, so wird es später sein,
fügst du dich ins graue Elend ein ...

Glaube mir, es ist so auf der Welt,
daß das Weib dem Manne Fallen stellt,
bis daß er, viel früher als gewollt,
von dem Unheil jäh wird überrollt.

Und infolge, folgedessen nun:
laß den Gram, den Kummer vollends ruh'n,
denn bedenk', daß grad' bei einem Weib
manche Mark viel länger leben bleibt.

Außerdem bedenke dies auch jetzt,
ist man solo stärker ausgesetzt
all' der Not und argen Seelenpein,
als im Eheleben je kann's sein.

Darum heul' nicht, holder Bräutigam,
weil es nun ganz anders mit dir kam.
Bald erkennst du – so nach zwanzig Jahr':
Deine Frau ist wirklich wunderbar!

Hans Jürgen Winkler

GEDANKEN

Ein wenig Hilfe will das Glück gern haben.
Norwegisches Sprichwort

Weich ist stärker als hart,
Wasser stärker als Fels,
Liebe stärker als Gewalt.
Hermann Hesse

Die Frau ist das Kamel, das uns hilft, die Wüste des Lebens zu durchqueren.
Ben Gurion

Die Ehe soll immer ein Ungeheuer bekämpfen, das alles verschlingen will, was an ihr erhaben ist: die Gewohnheit.
Honoré de Balzac

Es ist leichter, sich mit mehreren Männern herumzuschlagen, als mit einer einzigen Frau Krieg zu führen.
Honoré de Balzac

Es ist viel leichter, für eine geliebte Frau zu sterben, als mit ihr zu leben.
Lord Byron

Einer allein ist nicht einmal gut im Paradiese.
Italienisches Sprichwort

Geliebt wirst du einzig, wo du schwach dich zeigen darfst, ohne Stärke zu provozieren.
Theodor W. Adorno

Flitterwochen sind eine Probezeit, in der keine Reklamationen mehr angenommen werden.
Peter Sellers

Auch in der besten Frau steckt noch eine Teufelsrippe.
Rumänisches Sprichwort

Eifersucht ist eine Leidenschaft, die mit Eifer sucht, was Leiden schafft.
Franz Grillparzer

Jemand lieben heißt, glücklich sein, ihn zu sehen.
Henry Duvernois

Einen Menschen lieben heißt, ihn so zu sehen, wie Gott ihn gemeint hat.
F. M. Dostojewski

Glück ist Liebe, nichts anderes. Wer lieben kann, ist glücklich.
Hermann Hesse

Splitter

Das Wort „Verzeihung" ist die beste Münze im Hause. Chinesisches Sprichwort

Die Frauen-
seele ist für
mich ein
offenes Buch–
geschrieben
in einer
unverständlichen
Sprache.
Ephraim Kishon

Wer absolute Klarheit will,
bevor er einen Entschluß faßt,
wird sich nie entschließen.
Henri Frédéric Amiel

Heiraten heißt,
seine Rechte
halbieren und
seine Pflichten
verdoppeln.
*Arthur
Schopenhauer*

Küsse sind das, was von dem
Sprache des Paradieses
übriggeblieben ist.
Joseph Conrad

Frauen sind das Paradies der
Augen, das Fegefeuer des
Beutels und die Hölle der
Seele.
*Spanisches
Sprichwort*

Man wird nie
betrogen, man
betrügt
sich selbst.
*Johann
Wolfgang
von Goethe*

In der Ehe muß man sich
manchmal streiten, nur so
erfährt man etwas
voneinander.
Johann Wolfgang von Goethe

In der Ehe pflegt
gewöhnlich einer
der Dumme zu sein.
Heiraten zwei
Dumme, so mag
es glücken.
Kurt Tucholsky

Liebe nennt man die
Unzurechnungsfähigkeit der
Zurechnungsfähigen.
Alfred Polgar

Der Mann ist das Haupt der
Familie, und die Frau ist der
Hut darauf.
*Amerikanisches
Sprichwort*

Die kurz und prägnant formu-
lierten Gedanken rund um
das Thema Ehe lassen sich in
einer Hochzeitszeitung viel-
seitig verwenden. Der Witz
dieser Doppelseite: Die einzelnen „Splitter" sind Teile
eines Puzzles. Sie können von
den Hochzeitsgästen ausge-
schnitten und zu der Form
einer Tasse zusammengesetzt
werden. Wer die Figur zuerst
gelegt hat, erhält von den
Jungvermählten ein kleines
Erinnerungsgeschenk über-
reicht.

Der Grundton in der Harmonie der Häuslichkeit muß immer das Kindergeschrei sein – oder aber es fehlt die wichtigste Stimme.
Johann Nestroy

Wenn uns ein außerhalb unseres Ichs liegendes gemeinsames Ziel mit anderen Menschen brüderlich verbindet, dann allein atmen wir frei. Die Erfahrung lehrt uns, daß Liebe nicht darin besteht, daß man einander ansieht, sondern daß man gemeinsam in gleicher Richtung blickt.
Antoine de Saint-Exupéry

Die Leute, die nicht zu altern verstehen, sind die gleichen, die nicht verstanden haben, jung zu sein.
Marc Chagall

Als Junggeselle ist der Mann ein Pfau, als Bräutigam ein Löwe und als Verheirateter ein Esel.
Spanisches Sprichwort

Glück zu haben, ist Glück, mehr als genug zu haben, ist unheilvoll. Das gilt von allen Dingen, aber besonders vom Geld.
Laotse

Humor ist eine Eigenschaft des Herzens – wie die Liebe. Es gibt Menschen, die nicht lieben können; wahrscheinlich sind es dieselben, die keinen Humor haben.
Rudolf G. Binding

Niemand lebt ohne Mängel, wir sind Menschen, keine Engel.
Anonym

Manche Ehe ist eine lebenslängliche Doppelhaft ohne Bewährungsfrist und ohne Strafaufschub, verschärft durch Fasten und gemeinsames Lage
Jean-Paul Sartre

Jede Mutter hofft, daß ihre Tochter einen bess'ren Mann bekommt als sie selber. Und zugleich ist sie überzeugt, daß ihr Sohn niemals eine so gute Frau bekommen wird wie sein Vater.
Martin Andersen-Nexø

Es ist nicht unsere Aufgabe, einander näherzukommen, so wenig wie Sonne und Mond zueinanderkommen oder Meer und Land. Unser Ziel ist, einander zu erkennen und einer im anderen das zu sehen und ehren zu lernen, was er ist: des anderen Gegenstück und Ergänzung.
Hermann Hesse

Die wahre Liebe hat in allen Stücken die größte Ähnlichkeit mit der Kindheit: sie hat all ihre Unbedachtheit und Sorglosigkeit, ihre Verschwendung, ihr Lachen und ihr Weinen.
Honoré de Balzac

Ein Baby macht die Liebe stärker, die Tage kürzer, die Nächte länger, die Brieftasche dünner, das Heim glücklicher, die Kleider schäbiger. Es läßt die Vergangenheit vergessen und macht die Zukunft lebenswert.
Anonym

Wir verlangen, das Leben müsse einen Sinn haben – aber es hat nur ganz genau so viel Sinn, als wir selber ihm zu geben imstande sind.
Hermann Hesse

Ehen und Weine haben eines gemeinsam: Die wahre Güte zeigt sich erst nach Jahren.
William Somerset Maugham

Fröhlichkeit und Zufriedenheit sind vortreffliche Schönheitsmittel. Sie bewahren dem, der sie besitzt, das jugendliche Aussehen.
Charles Dickens

Das Glück ist nicht in einem ewig lachenden Himmel zu suchen, sondern in ganz feinen Kleinigkeiten, aus denen wir unser Leben zurechtzimmern.
Carmen Sylva

Lernt, daß man still sein soll, wenn man im Herzen Groll hat; man nimmt den Mund nicht voll, wenn man die Schnauze voll hat.
Erich Kästner

Ich weiß recht gut, daß man über die menschliche Natur nie alles wissen kann, was man wissen sollte. Nur auf eines kann man sich verlassen: daß sie immer wieder Überraschungen bereithält.
William Somerset Maugham

Frauen reagieren verschieden: Eine Französin, die sich von ihrem Mann betrogen sieht, bringt ihre Nebenbuhlerin um; die Italienerin tötet den Mann; die Spanierin tötet beide, und die Deutsche bringt sich selber um.
Bernard Le Bovier de Fontenelle

...UND TSCHÜS

Flitter-

Der Begriff „Flitterwochen" stammt laut Duden von dem mittelhochdeutschen Wort „vlittern" ab, das „flüstern, kichern, liebkosen" bedeutet.

Flitterwochen sind demnach „Kosewochen" und haben mit „Flitter", also „wertlosem Tand", nichts zu tun.

wochen

Ein wenig Urlaubsatmosphäre bringt Schwung in die Hochzeitszeitung. Aus den Zeichnungen dieses Buches und einigen stimmungsvollen Fotos aus Reisekatalogen läßt sich relativ einfach eine schöne Seite zusammenstellen. Das Reiseziel des Brautpaares muß man natürlich vorher ausfindig machen. Wer möchte, schreibt zusätzlich den Werbetext aus dem Katalog dem Anlaß entsprechend um.

Richter:

Auch Erwachsene dürfen mal laut sein

Lärm „als Begleiterscheinung menschlichen Freizeitverhaltens" müsse „in höherem Maße" hingenommen werden. Das Urteil erging anläßlich der Klage eines Hauseigentümers wegen Lärmbelästigung durch einen Mieter. Dieser hatte sich an einem schönen Sommerabend dazu hinreißen lassen, bei offenem Fenster Klavier zu spielen. Wie aus gut informierten Kreisen verlautete, soll es sich bei dem Musikliebhaber um den sonst äußerst zurückhaltenden Onkel der Braut handeln.

Spektakulärer Ski-*Unfall*

Im letzten Winter wurde Gabi M., Tante des Bräutigams, in einem bekannten Schweizer Skigebiet beim Training für die Damenliga gesichtet. An ihrem einzigartigen Parallelschwung mit Stockeinsatz kann sie leider erst in der kommenden Saison weiterarbeiten.

Attentat in Hannover

Beim Wechseln der Glühbirne ihrer Deckenlampe erlitt Anne B., Schwester des Bräutigams, einen Stromschlag. Die Studentin der Volkswirtschaft kam mit dem Schrecken davon. Ein böser Verdacht belastet fortan jedoch ihren Vormieter, der einige Leitungen selbst verlegt haben soll.

Raser gestellt

Wie der ADAC erst jetzt bekanntgab, wurde im Sommer 1993 mehrfach ein mit stark überhöhter Geschwindigkeit fahrender Manta GSI gestoppt. Der Fahrer, Michael S., Schwager der Braut und heißbegehrter Junggeselle, verweigerte jede Aussage über Motive und Hintergründe der Tat. Es wird vermutet, daß er sich wiederholt auf der Jagd nach einem ausgefallenen Exemplar der Gattung „blondes Gift" befand.

Hochzeitszeitungen haben – besonders wenn es sich um größere Festgesellschaften handelt – auch die Aufgabe, Familienmitglieder, die sich noch nicht kennen, auf zwanglose Weise einander näherzubringen. In das Kapitel „Leute von heute" gehören Onkel und Tanten, Schwestern und Brüder sowie besonders gute Freunde des Brautpaares, also sämtliche Personen, die

HEUTE...

Technik und ihre Folgen

Über rote Augen, Schwindelgefühle und Kopfschmerzen klagt seit geraumer Zeit Carsten P., Trauzeuge der Brautleute. Seine Frau zeigt sich darüber jedoch keineswegs verwundert: „Wer 24 Stunden täglich am Computer verbringt, müßte noch ganz andere Beschwerden haben", vertraute sie der Presse an. Die Ehe der beiden scheint ernsthaft gefährdet zu sein, da neuerdings selbst ihr Kosename „Maus" eine eigenartige Nebenbedeutung bekommen hat.

Verdeckter Ermittler entlarvt

Nach gesicherten Meldungen der Bundespressestelle gab Robby, der Untermieter des Bräutigams, ihm vertraulich zugetragene Daten und Fakten an ungeeigneter Stelle weiter. Er arbeitete unter anderem auch unter den Decknamen „Fettnäpfchen", „Pfeiffer" und „Spaltpilz". Die Strafe wurde zur Bewährung ausgesetzt, sofern sich der Beschuldigte zum ständigen Tragen eines Schnabelhalters verpflichtet.

Tollkühner Abenteurer wagt Sprung ins Nichts

Als Experte für gefährliche Aktionen ist Heinz F. weit über die Stadtgrenzen hinaus bekannt. Schon seit langem lockte es ihn, sich an einem Seil in die Tiefe fallen zu lassen. Bei dem letzten Bungee-Jumping sagte der Bruder des Bräutigams deshalb seine Teilnahme zu und stürzte sich 100 Meter in die Tiefe. Wie das Abenteuer ausgegangen ist, berichten wir in unserer nächsten Ausgabe.

nicht auf der Seite „Stammbaum" aufgeführt werden. Jeder von ihnen wird ein wenig aufs Korn genommen und anhand einer charakteristischen Eigenschaft oder eines einschneidenden Erlebnisses vorgestellt. Daß hier keine besonders heimtückische Form des „Outings" betrieben wird, ist selbstverständlich. Kontaktlinsen, Toupets und Gebisse wie auch ernsthafte

Eheprobleme oder Schulden sind natürlich tabu. Als Kriterium gilt: Über alles, was aufgeführt wird, muß auch der Betroffene selbst lachen können.
Zur Gestaltung der Seiten benötigen Sie neben witzigen Texten auch Fotos der genannten Personen oder Zeichnungen, die die geschilderte Situation darstellen. Unsere Textbeispiele sollen ausschließlich als Anregung dienen. Sie beziehen

sich natürlich nur auf einen Teil möglicher Situationen. Das gleiche gilt für die Illustrationen. Man kann sie übernehmen oder auch nachstellen und fotografieren Der Ausschnitt mit den Autorücklichtern läßt sich sicher leicht umsetzen, dagegen muß nachdrücklich davor gewarnt werden, einem Graupapagei den Schnabel zuzubinden.

HOBBYS

Noch einmal steht das Brautpaar im Mittelpunkt. Diesmal geht es um die Freizeitgestaltung der beiden Jungvermählten. Welches Hobby haben sie? Welche Sportarten betreiben sie? Dabei ist nicht nur an die regelmäßig ausgeführten Aktivitäten gedacht, sondern auch an kleinere Ereignisse wie zum Beispiel den Ritt auf einem Esel im Zoo oder den mißlungenen Versuch, Wasserski zu laufen. Sofern Fotos von diesen „Abenteuern" vorhanden sind, sollten sie nach Möglichkeit verwendet werden.

Wenn Sie einige Zeichnungen
dieser Seite übernehmen
möchten, kopieren Sie zu-
nächst das ganze Blatt und
schneiden dann die ge-
wünschte Illustrationen heraus.
Die Kopien werden auf einen
weißen Bogen Papier geklebt
und anschließend auf die
passende Größe verkleinert
oder vergrößert.

Horoskope

Obwohl viele Zeitungsleser sie für amüsanten Unsinn halten, gehören Horoskope zu den meistgelesenen Rubriken. Auch für eine Hochzeitszeitung bietet sich ein Blick in die Zukunft der beiden Brautleute an. Anhand der „Fachliteratur" lassen sich nicht allzu ernstgemeinte Beschreibungen der Charaktere zusammenstellen und in Beziehung zueinander setzen. Besonders vergnüglich wird die Sache, wenn Sie noch weitere Horoskoptypen wie das Chinesische Horoskop oder das Aztekenhoroskop in Ihre Überlegungen einbeziehen. Wer möchte, kann auch eine ganz nach eigenen Vorstellungen gestaltete Vorhersage schreiben.

Tip: Lesen Sie sich vorher in den typischen Fachjargon ein.

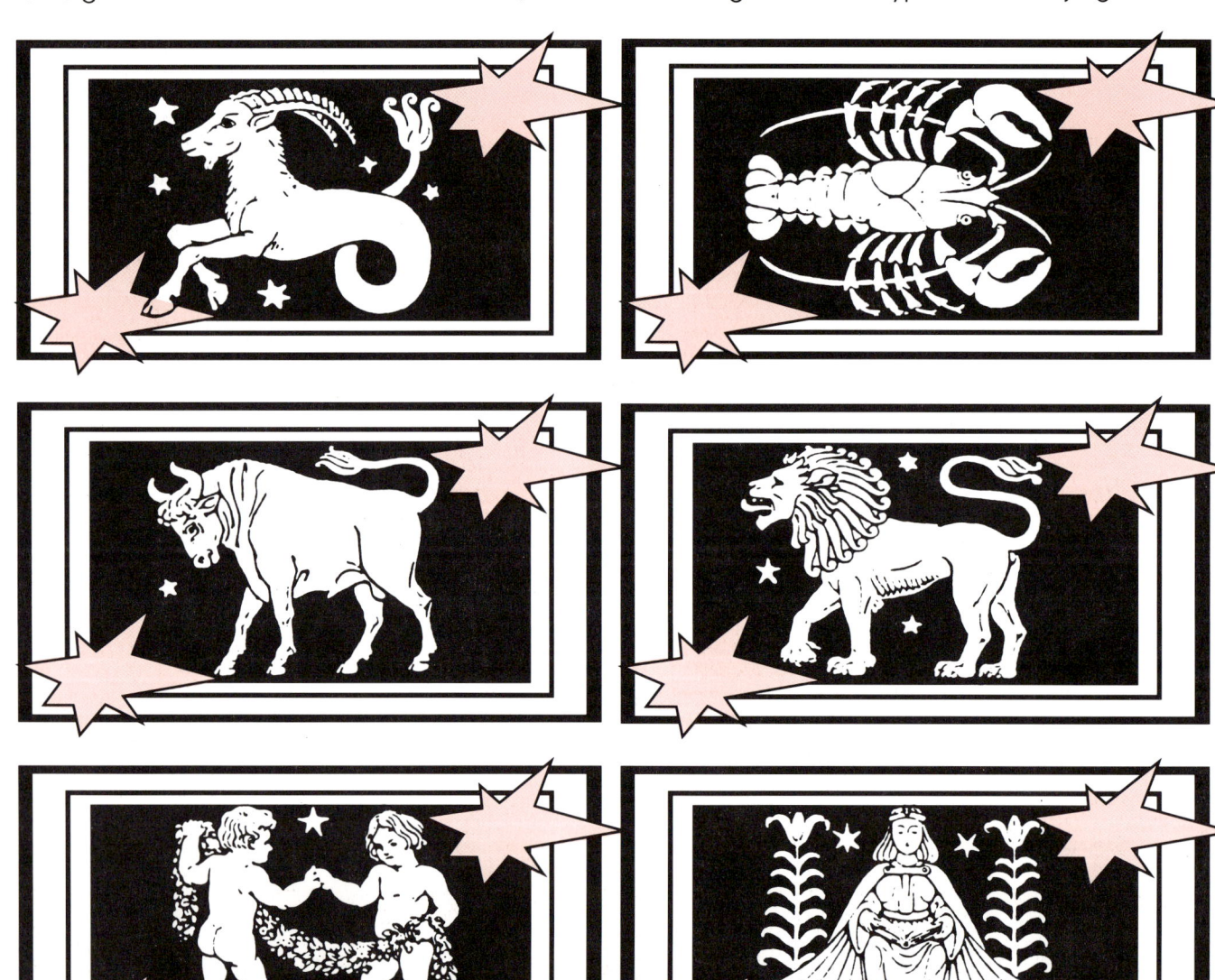

Widder (21. März bis 20. Apr.)

„Mit dem Kopf durch die Wand ist ein Umweg", gilt als Lebensmotto der Widder-Menschen. Sie sind sehr freigebig, und ihr Pflichtgefühl ist sprichwörtlich.

Stier (21. Apr. bis 20. Mai)

Stier-Geborene lassen sich durch nichts aus der Ruhe bringen. Sie sind sehr empfänglich für gutes Essen, aber auch für geistige Nahrung.

Zwillinge (21. Mai bis 21. Juni)

Menschen dieses Zeichens tragen zwei Seelen in ihrer Brust. Ihr Leben ist oft reich an Veränderungen, dafür sind sie Meister im Improvisieren.

Krebs (22. Juni bis 22. Juli)

Als „seelische Weichtiere mit Panzer darüber" gelten Krebs-Leute. Sie können Kritik schlecht ertragen und fressen Ärger meist in sich hinein.

Löwe (23. Juli bis 23. Aug.)

Die unter diesem Feuerzeichen Geborenen sind robuste Naturen. Sie haben viel Temperament, aber sie sind auch gutmütig und hilfsbereit.

Jungfrau (24. Aug. bis 23. Sept.)

Jungfrau-Menschen sind Realisten mit wachem Verstand, aber auch unbarmherzige Kritiker. Sie gelten als verläßlich, treu und bescheiden.

Waage (24. Sept. bis 23. Okt.)

Das Zeichen des Friedens und der Diplomatie. Selten lassen Waage-Menschen Toleranz vermissen. Allerdings mögen sie keine schnellen Entschlüsse.

Skorpion (24. Okt. bis 22. Nov.)

Mit ihrer „spitzen Zunge" schaffen sich Skorpion-Geborene oft Feinde. Dafür sind sie wahrheitsliebend und hassen jede Art von Lüge.

Schütze (23. Nov. bis 21. Dez.)

Menschen dieses Zeichens gelten als unverbesserliche Optimisten. Sie sind gute Partner, können sich aber nicht unterordnen.

Steinbock (22. Dez. bis 20. Jan.)

Ehrgeiz ist ein wesentliches Charaktermerkmal von Steinbock-Menschen. Sie arbeiten viel und versuchen, stets ihre Pflicht zu erfüllen.

Wassermann (21. Jan. bis 19. Febr.)

Menschen aus dem Luftzeichen Wassermann sind Individualisten mit großem Freiheitsdrang. Sie lieben Veränderungen und reisen gern.

Fische (19. Febr. bis 20. März)

Empfindsamkeit und ein Hang zur Melancholie zeichnen Fische-Geborene aus. Sie sind leicht verletzbar und immer bereit, anderen zu helfen.

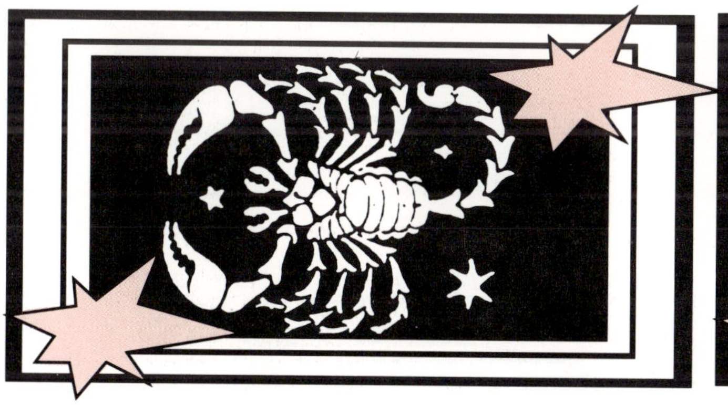

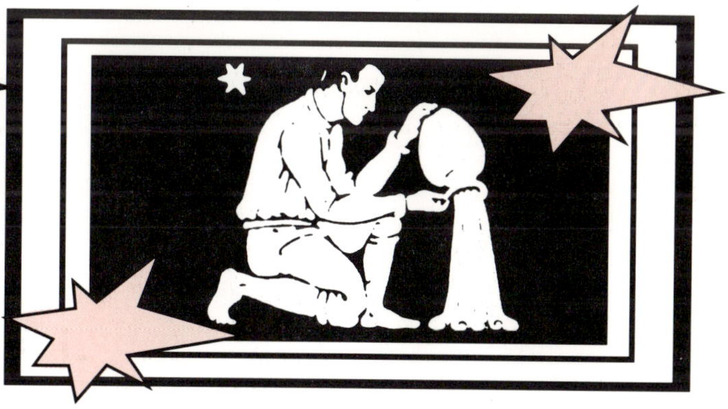

AUS ALLER WELT

Nicht für alle Beiträge einer Hochzeitszeitung müssen umfangreiche Texte verfaßt werden. Bei diesem Artikel zum Beispiel sind Witz und Einfallsreichtum ganz anderer Art gefragt. Nach dem Muster einer Tageszeitung, die mindestens eine Seite für „bunte" Meldungen aus verschiedenen Ländern der Welt reserviert, werden hier Sätze von berühmten Filmschauspielern, Politikern und Sportlern zusammengestellt, die sich auf die Hochzeit der beiden Frischvermählten beziehen. Sie können diese Seite direkt aus dem Buch übernehmen, es ist aber auch einfach, in einem Wochenmagazin pfiffige Sprüche zu finden. Eine zweite Möglichkeit, diese Seite zu gestalten,

besteht darin, Glückwünsche zur Hochzeit von entfernten Bekannten und Arbeitskollegen einzuholen. Die Bedingung: Es kommen ausschließlich Leute zu Wort, die normalerweise nicht zu einer privaten Feier wie einer Hochzeit eingeladen werden, also zum Beispiel der Zahnarzt des Bräutigams, die ehemalige Kinderärztin der Braut, der Vermieter der neuen gemeinsamen Wohnung, ein alter Klassenlehrer und eventuell auch ein Schornsteinfeger. Wie bei einer professionellen Reportage liegt auch hier der

Schwerpunkt im genauen Recherchieren. Eltern und gute Freunde des Brautpaares können sicher Hinweise auf die richtigen Ansprechpartner geben. Wenn es die äußeren Bedingungen zulassen, ist es in diesem Fall sicher angebracht, die „Kurzinterviews" persönlich vor Ort durchzuführen. Schreibblock und Stift nicht vergessen! Wenn Sie mit einem Kassettenrecorder arbeiten, können Sie den Tonträger mit den eingefangenen Stimmen als Hochzeitsüberraschung verwenden.

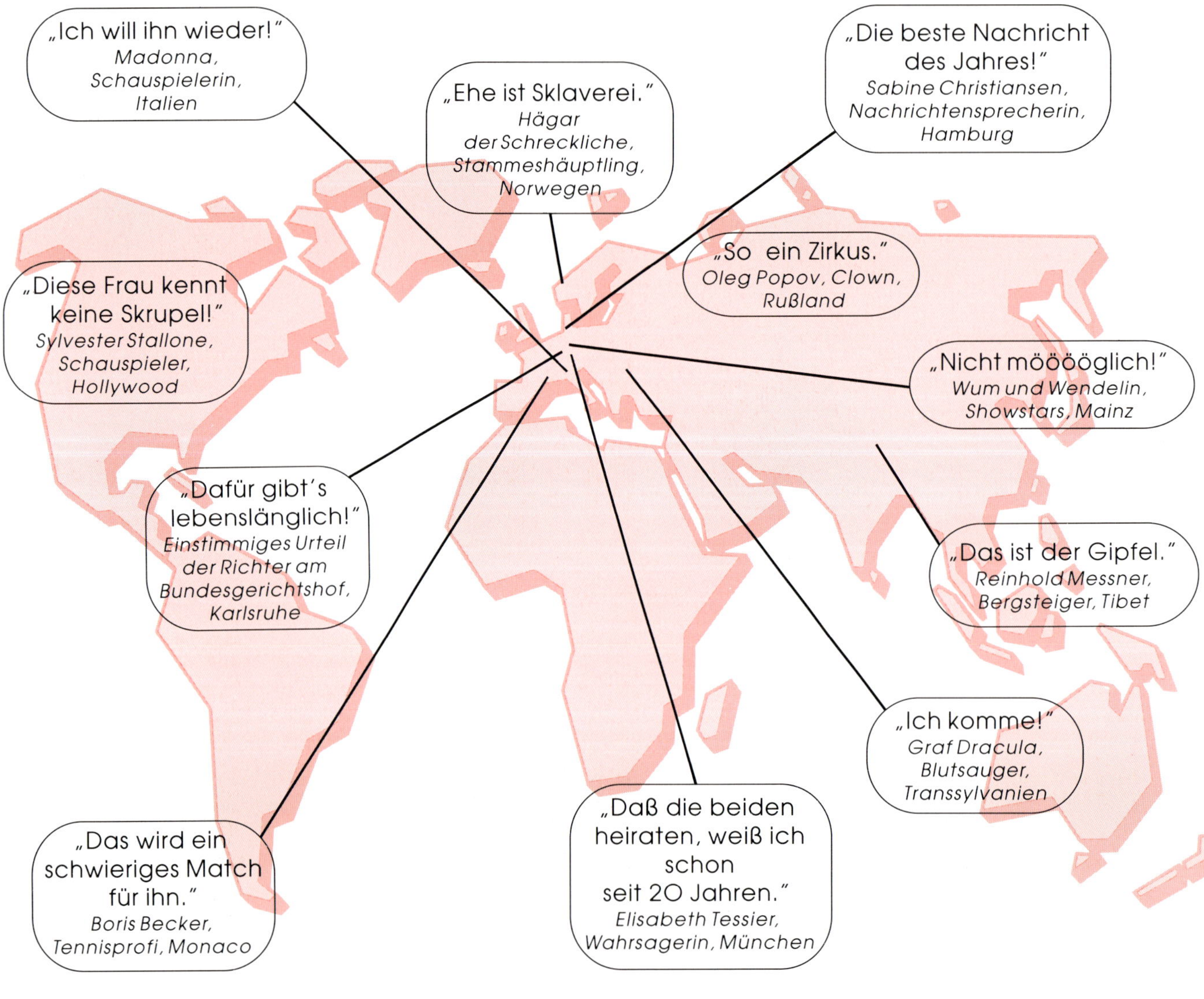

„Ich will ihn wieder!"
*Madonna,
Schauspielerin,
Italien*

„Ehe ist Sklaverei."
*Hägar
der Schreckliche,
Stammeshäuptling,
Norwegen*

„Die beste Nachricht
des Jahres!"
*Sabine Christiansen,
Nachrichtensprecherin,
Hamburg*

„Diese Frau kennt
keine Skrupel!"
*Sylvester Stallone,
Schauspieler,
Hollywood*

„So ein Zirkus."
*Oleg Popov, Clown,
Rußland*

„Nicht mööööglich!"
*Wum und Wendelin,
Showstars, Mainz*

„Dafür gibt's
lebenslänglich!"
*Einstimmiges Urteil
der Richter am
Bundesgerichtshof,
Karlsruhe*

„Das ist der Gipfel."
*Reinhold Messner,
Bergsteiger, Tibet*

„Ich komme!"
*Graf Dracula,
Blutsauger,
Transsylvanien*

„Das wird ein
schwieriges Match
für ihn."
*Boris Becker,
Tennisprofi, Monaco*

„Daß die beiden
heiraten, weiß ich
schon
seit 20 Jahren."
*Elisabeth Tessier,
Wahrsagerin, München*

KREUZWORT

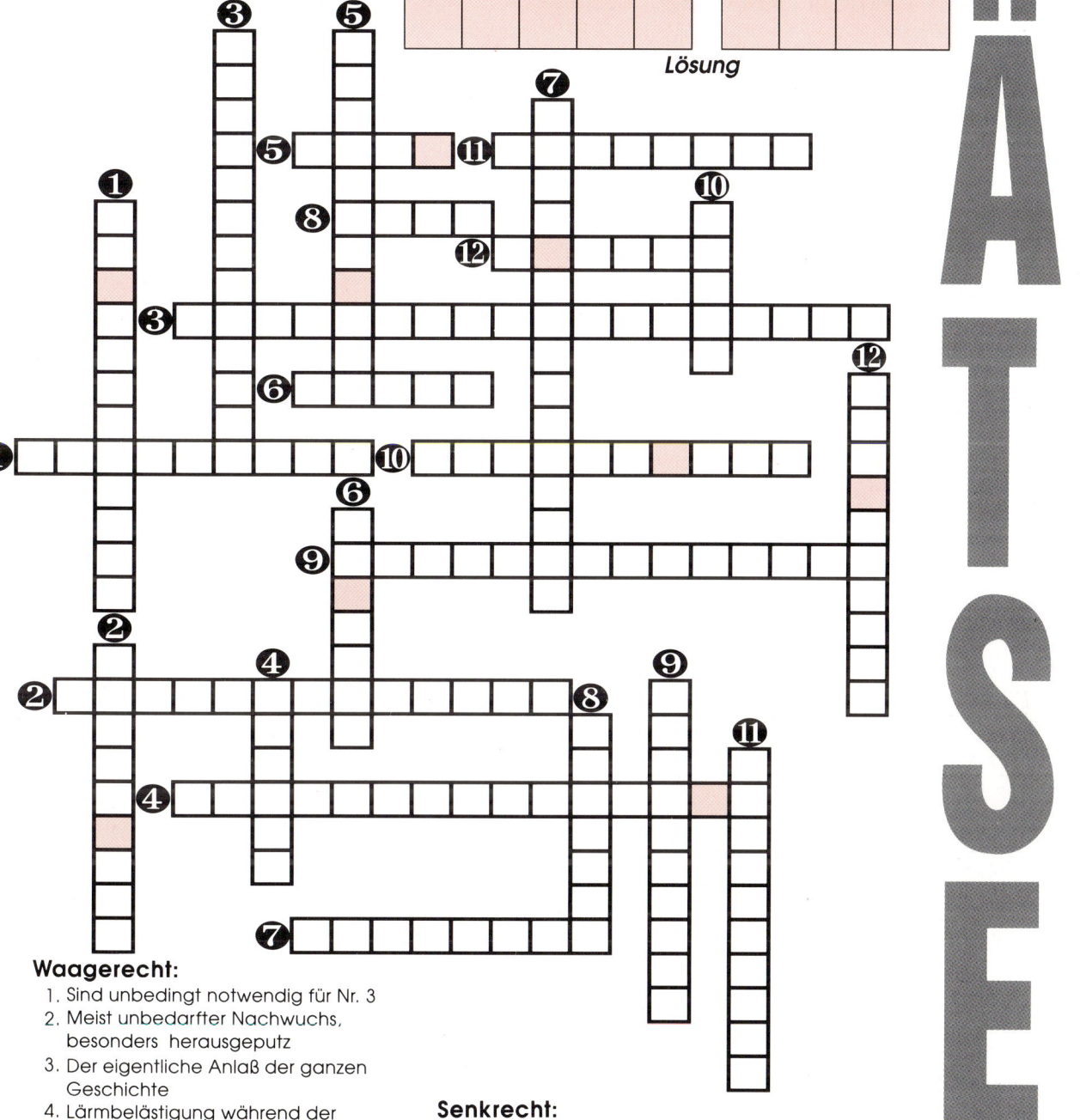

Lösung

Waagerecht:
1. Sind unbedingt notwendig für Nr. 3
2. Meist unbedarfter Nachwuchs, besonders herausgeputz
3. Der eigentliche Anlaß der ganzen Geschichte
4. Lärmbelästigung während der Zeremonie
5. Jetzt darf er ihn ihr endlich geben!
6. Fix und fertig von Friseur und Fotograf
7. Schwarzes Rohr, gehört zur Grundausstattung
8. Je älter, desto besser
9. Dies überlassen wir ganz allein den beiden!
10. Sind voller guter Ratschläge, die sie meist selbst nicht beachten
11. Dekoratives Beiwerk – zum Verheddern geeignet
12. Dach über dem Kopf

Senkrecht:
1. Geliebtes Accessoire, zum Vertrocknen verurteilt
2. Ablage für die wichtigsten Utensilien
3. Zeit danach, zum Abkühlen und Aufheizen
4. Wenn sie sich's geben, kann das Fest beginnen Notwendige Zurschaustellung erlernter Fähig-keiten des Paares
5. keiten des Paares
6. Plötzliche „Einengung" eines Körpergliedes
7. Sitzt daneben – und nicht über Eck
8. Ohne ihn läuft rein gar nichts
9. Wird danach zum Dauerschlaf verurteilt
10. Bleibt für den Brautvater übrig
11. Spickzettel für Ungeübte
12. Durch ihn kam der Stein ins Rollen

Waagerecht: 1. Verwandte, 2. Brautjungfern, 3. Hochzeitsgeschenke, 4. Glockengelaeute, 5. Kuss, 6. Braut, 7. Zylinder, 8. Wein, 9. Hochzeitsnacht, 10. Trauzeugen, 11. Schleier, 12. Kirche. **Senkrecht:** 1. Brautstrauss, 2. Traualtar, 3. Flitterwochen, 4. Jawort, 5. Brautwalzer, 6. Ehering, 7. Schwieger-mutter, 8. Pfarrer, 9. Brautkleid, 10. Zeche, 11. Gesangbuch, 12. Braeutigam. **Lösung:** Alles Gute

VERSE

Der Stand der Ehe ist beglückt,
wenn eines sich ins andre schickt,
wenn eines dieses andre liebt
und jedes zärtlich wiedergibt.
Es sollte stets bei beiden sein,
als wollten sie noch einmal frein.
Anonym

Diese Blumen sollen sagen,
was wir heute alle denken:
Das Glück mög' alles überragen
und das Familienleben lenken!
Hans Jürgen Winkler

Ratsam ist und bleibt es immer
für ein junges Frauenzimmer,
einen Mann sich zu erwählen
und wo möglich zu vermählen.
Erstens: will es so der Brauch.
Zweitens: will man's selber auch.
Drittens: man bedarf der Leitung
und der männlichen Begleitung;
weil bekanntlich manche Sachen,
welche große Freude machen,
Mädchen nicht allein verstehn;
als da ist: ins Wirtshaus gehn.–
Wilhelm Busch

Begrüße jeden Morgen,
den dir der Herrgott gibt.
Es ist so schön zu sorgen
für Menschen, die man liebt
Marie von Ebner-Eschenbach

Haß, als minus und vergebens,
wird vom Leben abgeschrieben.
Positiv im Buch des Lebens
steht verzeichnet nur das Lieben.
Ob ein Minus oder Plus
uns verbleiben, zeigt der Schluß.
Wilhelm Busch

Ein Paar hat sich gefunden
und Liebe sich geschenkt,
für Tausende von Stunden
sei's nun vom Glück gelenkt.
Hans Jürgen Winkler

Durch die Blume gesagt

Der Samstag ist meistens so ein Tag,
den der Vater nicht leiden mag.
Es wirbelt der Staub, der Besen schwirrt,
man irrt umher und wird verwirrt.

Wilhelm Busch

Wenn dir's in Kopf und Herzen schwirrt,
was willst du Bess'res haben?
Wer nicht mehr liebt und nicht mehr irrt,
der lasse sich begraben!

Johann Wolfgang von Goethe

Es stimmt wohl, wenn die Menschen
sagen:
Sein Päckchen muß ein jeder tragen,
das natürlich am wenigsten drückt
die, die ein „dickes" Fell beglückt.

Des Menschen Dasein, alt wie jung,
lebt zwischen Hoffnung und Erinnerung.
Jung, sieht dem Wunsch er alle Tore offen,
und alt, erinnert er sich – eben an sein Hoffen.

Franz Grillparzer

Ihr seid nun eins, ihr beide,
und wir sind mit euch eins.
Trinkt auf der Freude Dauer
ein Glas des guten Weins!

Und bleibt zu allen Zeiten
einander zugekehrt,
durch Streit und Zwietracht werde
nie euer Bund gestört.

Johann Wolfgang von Goethe

Es ist eine alte Geschichte,
doch bleibt sie immer neu;
und wem sie just passiert,
dem bricht das Herz entzwei.

Heinrich Heine

Du, Eifersucht, wärst Amors Kind?
So sei von mir bewundert.
Sein Vater, saget man, ist blind;
du hast der Augen hundert.

Gerhard Anton von Halem

Treue sei dein Adligsein,
Treue dein Untadligsein,
Treue lass' dich aufrecht stehn
und durch tausend Teufel gehn!

Johannes von Müller

Kirche & Co.

Der Geistliche, der die Brautleute traut, sollte auf jeden Fall in der Hochzeitszeitung zu Wort kommen. Pfarrer beider Konfessionen sind in der Regel gern dazu bereit, einen kurzen Text für die Festtagsschrift zu verfassen. Auch gehört in dieses Kapitel mindestens ein Foto der Kirche, in der die Trauung stattfindet. Wer möchte, kann darüber hinaus den Vermählungsspruch des Paares abdrucken. Der große Spruch lautet:

„Ich nehme dich an und verspreche dir die Treue in guten und bösen Tagen, in Gesundheit und Krankheit. Ich will dich lieben, achten und ehren, solange ich lebe."

Außerdem bietet es sich an, den Trauspruch einzusetzen. Dieser Spruch, der als Leitgedanke für die Traufeier und die Ehe gilt, wird von den Brautleuten häufig selbst ausgesucht. An ihm will sich das Paar ein Leben lang orientieren. Auch andere passende Auszüge aus der Heiligen Schrift können an dieser Stelle zitiert werden. Hier ein schöner und bekannter Trauspruch:

Das Hohelied der Liebe
Die Liebe ist langmütig,
die Liebe ist gütig.
Sie ereifert sich nicht,
sie prahlt nicht,
sie bläht sich nicht auf.
Sie handelt nicht ungehörig,
sucht nicht ihren Vorteil,
läßt sich nicht zum Zorn reizen,
trägt das Böse nicht nach.
Sie freut sich nicht über das Unrecht,
sondern freut sich an der Wahrheit.
Sie erträgt alles,
glaubt alles,
hofft alles,
hält allem stand.
Die Liebe hört niemals auf.

(1 Kor 13,4-8a)

Das Allerletzte

IMPRESSUM

Natürlich sollte man in jeder Hochzeitszeitung genau angeben, wer alles zum Gelingen des Blattes beigetragen hat. In Zeitschriften und Zeitungen sowie in Büchern ist es üblich, die wichtigsten Mitarbeiter in einem Impressum aufzuführen. An erster Stelle steht in diesem Fall die „Redaktion". Den „Chefredakteur" kennzeichnen Sie durch den in Klammern gesetzten Zusatz „verantwortlich für den Inhalt". Dann folgen die Sparten „Fotos" und „Zeichnungen".

Unter „Layout" wird derjenige aufgeführt, der für die Gestaltung der Seiten zuständig war, und unter „Satz" steht der Mitarbeiter, der die Texte am Computer oder an der Schreibmaschine den Angaben entsprechend erfaßt und bearbeitet hat. Wer sich um den praktischen Teil der Hochzeitszeitung gekümmert hat und Probleme lösen mußte wie: „Wo bekomme ich passendes Papier her?" und: „Wo finde ich die preiswerteste Druckerei beziehungsweise Kopieranstalt?", wird unter der Rubrik „Herstellung" genannt. Zum Schluß gibt man noch den Betrieb an, bei dem die „Bindearbeiten" sowie der „Druck" oder die photomechanische „Vervielfältigung" durchgeführt wurden.

Die Redaktion stellt sich vor:

Wer noch etwas Platz auf der letzten Seite erübrigen kann, gestaltet statt eines Impressums ein persönliches Schlußwort der Redaktion. Sämtliche Mitwirkende stellen sich mit einem Foto und einem kurzen Begleittext den Lesern vor. Paßbildautomaten lassen sich übrigens für lustige Fotoserien wunderbar „zweckentfremden". Die Bildunterschriften sollen neben der Tätigkeit der ehrenamtlichen Mitarbeiter auch die Stimmung der Mannschaft widerspiegeln.

Die Chefredakteurin:
Ohne sie wäre die Zeitung frühestens zur Silberhochzeit des Brautpaares erschienen

Der Bildbeschaffer:
Seinem umwerfenden Charme ist es zu verdanken, daß wir selbst unwiderbringliche Unikate abbilden durften

Der Babysitter:
Der Mann im Hintergrund. Ohne ihn keine Redaktionskonferenz, und ohne Redaktionskonferenz keine Zeitung

Das Maskottchen:
Nachdem wir fertig waren, schnurrte Mikesch: „Und für wen macht ihr die nächste Zeitung ...?"

FUNDGRUBE

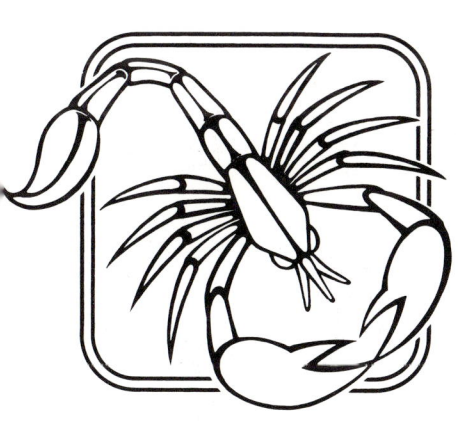

Im FALKEN Verlag sind zahlreiche Titel zum Thema „Hochzeit"
erschienen. Hier eine Auswahl:

„Glückwünsche, Toasts und Festreden zu Polterabend und Hochzeit" (Nr. 264)
„Von der Verlobung zur goldenen Hochzeit" (Nr. 393)
„Die Silberhochzeit" (Nr. 542)
„Reden zur Hochzeit" (Nr. 654)
„Gedichte, Reden und Sketche für Hochzeitstage" (Nr. 1269)
„Neue Kindergedichte und Lieder für Hochzeitsfeste" (Nr. 1431)
„Spiele für Hochzeitsfeiern" (Nr. 1530)
„Hochzeit feiern" (Nr. 4702)

Verlag und Autorin danken allen Helfern, die freundlicherweise ihre
Hochzeitszeitungen zur Verfügung gestellt haben, besonders
Edith und Harald Eckhardt, Michael und Anette Eichler, Peter und
Simone Mecklenbeck sowie Herta Winkler.

Unser Beitrag zum Umweltschutz:
Papier aus chlorfrei gebleichtem Zellstoff

ISBN 3 8068 1379 5

Umschlaggestaltung: Adolf Bachmann, Reischach
Illustrationen: Grafik Design H. Sinz, Essen
Grafische Gestaltung: Jürgen Kahlert, Harald Nadolny, Herne
Kreuzworträtsel: Wiebke Pieroth, Eppingen
Redaktion: Dr. Werner Brand
Titelbild: Bavaria Bildagentur, Gauting (l. o.);
Reinhard-Tierfoto, Heiligkreuzsteinach-Eiterbach (l. u.)
Das Lied „Warum weinst du, holder Bräutigam?" ist aus:
Hans Jürgen Winkler, Hochzeits- und Bierzeitungen; © FALKEN Verlag.
Die Hermann-Hesse-Texte sind aus: Mit Hermann Hesse durch
das Jahr; © Suhrkamp Verlag, Frankfurt am Main 1986.
Die Ratschläge in diesem Buch sind von der Autorin und vom Verlag
sorgfältig erwogen und geprüft, dennoch kann eine Garantie nicht
übernommen werden. Eine Haftung der Autorin bzw. des Verlags
und seiner Beauftragten für Personen-, Sach- und Vermögensschäden
ist ausgeschlossen.
Satz: Team Nadolny, Herne
Druck: Ludwig Auer GmbH, Donauwörth

817 2635 44